# MENTORÍA

## CONSCIENTE

### EL PODER DE COMPARTIR EXPERIENCIAS DE VIDA

# RAFAEL HERNÁNDEZ MOLINA

# MENTORÍA CONSCIENTE

## EL PODER DE COMPARTIR EXPERIENCIAS DE VIDA

PRÓLOGO POR
DR. FERNANDO DANIEL PEIRÓ

**Diseño, maquetación y publicación**
Inmersión Digital
Web: inmersion.digital

**Editado por RGM Books**
La división editorial de la Red Global de Mentores
https://www.rgmentores.org/

# ÍNDICE

# DEDICATORIA

*A la vida misma, creadora y gestora de lo que debe ser.*

*A mis ancestros, mis padres, mi hermano, mi hija, mis amigos.*

*A mis mentores y maestros.*

*A todos quienes han sido partícipes de mis experiencias maestras y han contribuido para que los aprendizajes trascendentes de esas situaciones, me hayan convertido en quién soy hoy. A los nuevos mentores conscientes. Gratitud infinita.*

*Especial a agradecimiento a Arturo Villegas, Fernando Daniel Peiró, Viola Edward, Nelson Rueda y Fernanda Conceição Ferreira.*

# PRÓLOGO

La mentoría consciente ha alcanzado gran relevancia en estos tiempos actuales que van más allá del "despertar", porque – al menos así lo creo – estamos en un momento crucial para la humanidad y éste es "la expansión de la consciencia.

La exquisita oportunidad poder de compartir experiencias de vida y conocimientos ha transformado la vida de muchas personas desde los primeros tiempos. Hoy, es evidente una notable conjunción en el proceso de entrega de conocimientos que alcanza los cielos de la moral, lo ético y lo espiritual.

En este libro, Rafael nos invita a avanzar en el mundo de la mentoría consciente para descubrir nuestra naturaleza humana, los principios esenciales, el despertar de la consciencia y el acompañamiento de personas.

Esta joya literaria posee un enfoque profundamente filosófico que nos invita a reflexionar sobre el sentido de la vida y el papel que jugamos en ella.

Nos invita a adentrarnos con legítimo compromiso en la mentoría consciente. Parafraseando, Rafael expresa: *"La mentoría consciente es un camino hacia la sabiduría, un camino que nos lleva a descubrir nuestra verdadera esencia y a conectar con los demás de una manera auténtica y profunda"*. Este es un pensamiento altamente transformador. La sabiduría no es sólo conocimiento, sino que implica una comprensión profunda de la vida y peregrinar sobre estas bases trascendentes.

Es de esperar, cuando se habla de "consciencia", que el "amor" tenga absoluta implicancia. Por ello, en las palabras de Rafael nos confirma que:

---

*"La mentoría consciente es un acto de amor, un acto de generosidad y de servicio".*

---

En uno de mis libros, "10 Roles para un Nuevo Líder", comento lo siguiente acerca del "servicio":

*"La palabra "Servicio" deriva del latín "Servitium", para significar "Esclavitud".*

*Decidí separar la palabra "Servicio" en dos partes. "Ser" por un lado y "Vicio" por el otro y encontré con ello algo muy interesante al buscarlas en el diccionario:*

*"Ser": Que pertenece al dominio de uno mismo.*

*"Vicio": Entre otros significados, mimo, cariño excesivo.*

*Al unir los dos significados, surge una nueva y poderosa interpretación: el "Servicio" nace con el mimo o cariño hacia uno mismo; hacia nuestro propio "Ser".*

*Entonces, un Líder Integral (y un Mentor Consciente), es un "Sirviente del Amor".*

La mentoría consciente no es sólo una transmisión de conocimientos; sino que conlleva un compromiso profundo con el otro y con nosotros mismos como mentores. Es un acto de servicio que nos permite crecer y ayudar a los demás a crecer, es unir eslabones de una gran cadena interminable de mentores y mentorados, que se convierten en nuevos mentores en el tiempo y continúan la cadena de amor y servicio. El alto propósito de cada ser humano no es algo que se descubre de la noche a la mañana, más bien es un peregrinaje a los senderos del autodescubrimiento y el crecimiento personal. La mentoría consciente nos brinda las herramientas y el apoyo necesarios para explorar nuestro interior, identificar nuestras pasiones y talentos, y de alinear nuestras acciones con los valores más profundos. A través de este proceso de transformación, podemos encontrar un mayor sentido de dirección y plenitud en nuestras vidas.

Rafael nos señala que: *"La mentoría consciente es un proceso de transformación, un proceso que nos lleva a descubrir nuestro propósito en la vida y a vivir de acuerdo a él".* En este libro nos guía con un enfoque filosófico y reflexivo, acompañándonos a cuestionar nuestras suposiciones y a explorar las profundidades de nuestra propia existencia.

Al final de este viaje de conocimiento y reflexión se puede concluir que la mentoría consciente es la valiosa oportunidad para conectar nuestra esencia más profunda y con la de nuestros semejantes. Nos permite experimentar la gratitud por aquellos que han sido nuestros mentores y nos inspira a convertirnos en mentores con alto compromiso. Es decir, eslabones de una cadena interminable de amor y servicio.

La mentoría consciente nos lleva a poner atención y enfoque en que todos estamos interconectados y que nuestro propósito en la vida es ayudarnos mutuamente a alcanzar nuestro máximo potencial. Ciertamente este libro es un desafío impostergable; el desafío de permitirse peregrinar hacia la superación de nuestras propias limitaciones y a expandir nuestra visión del mundo, abrazando el crecimiento y el constante cambio, como oportunidades para alcanzar nuestra más alta y sublime versión de sí mismos.

Los tópicos más importantes del libro son: la importancia de reconocer los elementos de la naturaleza humana que son relevantes en el proceso de mentoría consciente. La exploración del despertar de la consciencia desde diversas perspectivas, invitándonos a reflexionar sobre nuestro propio proceso de autodescubrimiento y crecimiento personal. La autoindagación que nos ayuda a reflexionar sobre nuestras experiencias y extraer aprendizajes significativos de ellas. El valor de la sabiduría, el amor y la generosidad en la mentoría consciente, invitándonos a trascender nuestras limitaciones y expandir nuestra visión del mundo y descubrir el más alto propósito en la vida.

He tenido la gracia de fundar la Red Hispanoamericana de Mentores, que luego con la genialidad de grandes mentores pasó a llamarse Red Global de Mentores y, desde este nuevo punto de partida, la mentoría es hoy una columna formalmente institucionalizada que está conformada por miles de eslabones de una cadena interminable y en constante crecimiento a nivel mundial.

Este libro es un extraordinario y valioso aporte para seguir fortaleciendo las columnas del templo de la mentoría, donde habita el espíritu colaborativo y de extrema entrega.

Carpe diem, aprovechar el día.

**Dr. Fernando Daniel Peiró.**
Mentor de Mentores. Escritor.
**Junio de 2023. Argentina.**

# INTRODUCCIÓN

"La experiencia que nos da vivir en momento presente, es portadora de un nivel de sabiduría que eleva el ser a dimensiones insospechadas"

## INTRODUCCIÓN DEL AUTOR: DEL VIAJE Y SU NATURALEZA

De la experiencia obtenida a lo largo de estos años de práctica profesional, del ejercicio del acompañamiento a otras personas y organizaciones, de los procesos de facilitación realizados sobre diferentes temáticas y, por supuesto, de los programas de formación en los que he participado y, por último, del acompañamiento de los mentores con los que he tenido la suerte de contar, puedo decir que existen dos aspectos básicos necesarios para recorrer el camino de la vida y avanzar en él. Cuando menciono "aspectos básicos", me refiero a los elementos mínimos que deben estar presentes en el proceso de convertir las experiencias de vida en "textos" de sabiduría que puedan ser compartidos con otros, como alimento para su propio camino.

El primero de ellos es comprender que cada uno de nosotros está recorriendo un camino personal de lecciones específicas y puntuales que forman parte inevitable de la vida en este plano, y que muy probablemente estas experiencias contienen el potencial de evolución que necesitamos, no solo para la etapa actual, sino también para cualquier forma o etapa futura.

Esto significa que la vida misma actúa como una gran mentora, brindándonos la oportunidad de vivir y experimentar, ya sea de forma superficial o profunda, cientos de miles de momentos cargados de intención, propósito, significado y valor.

Aceptar interiormente la naturaleza del camino y del acto de caminar nos permite vivir las experiencias con una mentalidad abierta y desde una postura más serena, de manera que, pase lo que pase, lo veamos como pasos en el camino.

Esto implica, entre otras cosas, asumir que la situación que se presente en la vida, independientemente de si es placentera o desagradable, y sin importar los juicios que yo haga sobre ella o cómo la explique o justifique, tiene un sentido inherente más allá de cualquier interpretación racional.

Así, la comprensión de la que hablo no es simplemente un ejercicio intelectual, aunque el intelecto pueda brindar algunos aportes. Se trata de asumir desde un lugar interior que implica, sobre todo, "abandonar" la mente para que no interfiera con nuestros pensamientos, ya sean reflexiones, recuerdos, imaginaciones, análisis, conjeturas, suposiciones, hipótesis u otros productos de esta gran máquina de realidades.

Ahora hablemos del segundo de estos aspectos básicos para recorrer el camino de la existencia.

Cada situación vivida, para convertirse en un verdadero alimento interior, requiere de un proceso de "tomar consciencia de la experiencia" que ha ocurrido, una experiencia que ya comprendemos como parte de la naturaleza del viaje.

Así como el proceso digestivo nos permite extraer los elementos necesarios de los alimentos consumidos, absorbiendo los nutrientes y eliminando los desechos, el proceso de "tomar consciencia de la experiencia" permite una "digestión" de los hechos, extrayendo de ellos los poderosos elementos que actúan como "nutrientes en el camino" y descartando los componentes que no son necesarios para avanzar en el recorrido.

Ahora bien, ¿qué es lo que debemos "extraer" y qué es lo que debemos "descartar" de la experiencia?

Si bien cada experiencia, cualquiera que sea, está llena de componentes que van desde el hecho mismo, la causa, los protagonistas, los elementos de tiempo, modo y lugar, hasta las consecuencias, entre otros, también hay componentes que no siempre son medibles ni fáciles de describir, y que tienen que ver con lo que nuestro ser interior recoge de la experiencia misma.

Algunos lo llaman sentido de propósito, el para qué, el mensaje o el fin último, entre otros términos. Lo cierto es que, cuando este elemento es "asimilado" por la consciencia, la experiencia se ha internalizado tanto que se convierte en parte del sujeto, de su "patrimonio experiencial" o, como dirían los contadores, de sus activos.

¿Y qué se requiere para que se convierta entonces en la riqueza del individuo? Es simple: que el individuo sea consciente de la transformación que la experiencia ha generado en él.

Esa toma de consciencia retoma la comprensión inicial del primer aspecto básico y le agrega otros ingredientes importantes: renunciar a querer o desear que la experiencia hubiera sido diferente, es decir, aceptar incondicionalmente lo que sucedió. Eso implica decir "así es como ocurrió" o de alguna otra manera. Este momento implica mirar los hechos con neutralidad, completamente libre de juicios y calificaciones que interpreten de manera diferente lo ocurrido y que impidan verlo tal como es.

Una vez se ha realizado la renuncia, viene la aceptación de lo sucedido tal como ocurrió. No se trata de una aceptación pasiva ni de resignación, sino de asumir el hecho tal y como fue. Esta aceptación, al no suprimir ni evaluar lo sucedido, permite ver cada aspecto con la profundidad necesaria para, entonces sí, extraer el valor de los hechos y quedarse con esa esencia que no es otra cosa que el aprendizaje interiorizado. La señal de que esto ha ocurrido es que, en general, dicha experiencia no se repite de la misma manera, porque ya no es necesaria para el sujeto que la ha vivido. Es decir, no basta con la experiencia en sí misma si esta no es digerida desde lo profundo de la consciencia.

Y aquí radica lo interesante: dónde debe ser digerida y procesada la vivencia para que realmente se convierta en alimento para el camino. Retomando lo dicho, esto implica, ante todo, una mirada neutra, libre de juicios que sesguen nuestra percepción y limiten la visión amplia que muestra todas las caras de la moneda. Tomar consciencia de la experiencia también implica eliminar toda resistencia hacia los hechos y sus efectos, comprendiendo que muchas veces las cosas suceden por causas ulteriores que escapan a la comprensión de una mente limitada y entran en el terreno de lo que no necesita ser explicado ni entendido, sino simplemente aceptado y comprendido. De hecho, abandonar el control sobre lo que ocurre y sobre lo que deseamos que ocurra nos permite tomar la distancia necesaria para ver realmente todo lo que sucede y maravillarnos con el misterio que hay detrás y delante de todo.

En conclusión, si incorporamos estos dos aspectos básicos a nuestra "caja de herramientas para la vida", podremos recorrer el camino de la experiencia, que es el camino de la mentoría, siendo a la vez el mentorado y el mentor. Ser alguien que simplemente lee el momento y escucha la voz interior que muestra el papel que el momento nos pide y para quien se lo pide.

De esto y mucho más trata este libro, el cual espero que se convierta en una fuente de inspiración para aquellos que inician el camino de la mentoría y en una reflexión para aquellos que ya están en él.

**Rafael Hernández**
Expert Professional Mentor

# UNO

# EL VALOR DE LA EXPERIENCIA

"La Experiencia, Madre De Las Ciencias"

EL QUIJOTE

## 1. MIRADA DESDE EL VIEJO PARADIGMA

Desde una concepción clásica, que llamaré "viejo paradigma", la experiencia ha sido concebida como el tiempo en el que una persona ha realizado una determinada labor y se ha desempeñado en un rol específico. Por ejemplo, se mide la experiencia de un maestro que ha estado impartiendo su asignatura durante años, a veces en el mismo grado, para determinar su escalafón docente y, por ende, su salario. En esta perspectiva, se considera que la repetición continua de una tarea es lo que otorga la experiencia o veteranía en el oficio, reduciendo así el concepto a la antigüedad en el ejercicio.

Sin embargo, es importante señalar que la práctica y la experiencia no son necesariamente lo mismo, a pesar de lo que dice el conocido refrán de "La práctica hace al maestro". Por un lado, el concepto de práctica se refiere a la destreza o habilidad que una persona puede adquirir en el ejercicio de una tarea u oficio. En este caso, es evidente que la destreza se ha desarrollado a través de la práctica, aunque no consideremos ningún criterio que evalúe la calidad con la que se ha ejecutado.

Por otro lado, el concepto de experiencia abarca dos perspectivas. Por un lado, se refiere a la práctica prolongada que proporciona conocimiento o habilidad, en cuyo caso estaríamos hablando de algo similar. Sin embargo, también nos indica que la experiencia es el conocimiento adquirido a través de las circunstancias o situaciones vividas. Esto nos lleva a una dimensión diferente a la simple medición basada en el tiempo.

En resumen, el viejo paradigma considera la experiencia únicamente como la cantidad de tiempo dedicado a una tarea, lo cual reduce su significado real. La experiencia no solo se basa en la repetición de una tarea, sino también en el conocimiento adquirido a través de las experiencias vividas

## 2. ¿QUÉ ES REALMENTE LA EXPERIENCIA?

La palabra "experiencia" tiene su origen en el latín "experientia", que significa prueba o ensayo, y deriva del verbo "experiri", que se forma a partir del prefijo "ex-" (separación del interior) y la raíz "peri-", proveniente de la raíz indoeuropea *per-5, que significa intentar o arriesgar.

Desde esta perspectiva etimológica, la experiencia se entiende como la cualidad de intentar o probar cosas. Está relacionada con el conocimiento empírico o heurístico, es decir, el conocimiento adquirido mediante el análisis de los resultados y la formulación de nuevas pruebas a partir de errores anteriores.

Es importante resaltar que, desde esta mirada, la experiencia no se limita al factor tiempo, sino que se basa en la prueba, el ensayo y la comprobación en la vida.

En el ámbito filosófico, la experiencia se entiende como una forma de conocimiento que se fundamenta en la percepción. Como es sabido, la percepción implica la interpretación del sujeto basada en los contenidos previamente conocidos y almacenados en la memoria. En otras palabras, la experiencia implica una interpretación personal de lo vivido.

Desde la perspectiva de la psicología, la experiencia se refiere a los eventos conscientes en general, y más específicamente a las percepciones y al conocimiento práctico y familiaridad que se adquieren a través de estos procesos conscientes. Aquí, se añade a la mirada filosófica que incluye la percepción, la noción de "eventos conscientes", que, como veremos más adelante, marca una gran diferencia cuando se trata de extraer las experiencias de la vida para compartirlas con otros, como ocurre en la mentoría.

# 3. FUENTES DE LAS EXPERIENCIAS

Todo lo que vivimos, lo que nos sucede a lo largo de nuestra existencia, constituye la fuente esencial de nuestras experiencias. Esto incluye tanto nuestras acciones y lo que somos como lo que presenciamos. No importa si se trata de sucesos ordinarios o extraordinarios, de situaciones casuales, accidentales, provocadas o espontáneas. Tampoco importa si las consideramos producto de estados ordinarios o de estados alterados de la conciencia.

Lo que realmente importa es que hemos sido los protagonistas de lo ocurrido y, por ende, sujetos y hasta objetos de los hechos, lo cual nos hace participantes de la historia. Es importante destacar que no importa el juicio que hagamos ni lo que sintamos respecto a las experiencias para que estas formen parte de nuestro recorrido y podamos usarlas, si así lo deseamos, para aprender de ellas.

Desde una mirada espiritual, la experiencia es todo aquello que "necesitamos" que nos suceda para poder evolucionar y cumplir el propósito de nuestra existencia. Por lo tanto, todo lo que nos ocurre, desde la perspectiva del alma, forma parte del camino esencial que debemos recorrer de manera consciente, de modo que incorporemos los mensajes propios de cada suceso, de cada evento. Esto también es una tarea esencial de la mentoría.

Una de las generadoras más poderosas de experiencias son las relaciones. No importa si se trata de vínculos familiares, laborales o afectivos. Siempre estaremos con las personas adecuadas que nuestro ser necesita en ese momento vital para evolucionar. Por eso es importante aprender a mirar lo que sucede en las relaciones sin juzgar, ya que de esta manera podemos ver el reflejo que llega a nuestra vida, o tal vez un revelador de las sombras no asumidas, o quizás un maestro que, a su manera, nos dejará una huella indeleble para toda la vida. Por eso me encanta la frase que dice: "Lo importante no es lo que te sucede, sino lo que haces con ello".

## 4. EL POR QUÉ

Es cierto que buscar el porqué de lo que nos ocurre es una tendencia humana natural. Encontrar una explicación puede brindar cierta tranquilidad mental al poner fin a las conjeturas y suposiciones, permitiéndonos interpretar los eventos desde una perspectiva más lógica.

Cuando esta búsqueda se realiza utilizando un método que busca la causa raíz, podemos considerarlo como un aprendizaje. Al narrar los acontecimientos con un comienzo, desarrollo y conclusión, se completa la historia y podemos extraer lecciones importantes. Estos aprendizajes nos ayudan no solo a evitar o provocar situaciones similares en el futuro, sino también a comprender cómo actuar en circunstancias similares. Esto es especialmente aplicable a los eventos externos a nosotros.

Sin embargo, cuando intentamos explicarnos por qué nos sucedió algo, el camino hacia la respuesta puede depender en gran medida de nuestra perspectiva interna y del estado emocional en el que nos encontremos. Si nos preguntamos, por ejemplo, "¿Por qué me tenía que pasar esto a mí?", es probable que estemos adoptando una postura de víctima, lo que puede sesgar nuestra búsqueda de respuestas y la forma en que interpretamos la experiencia.

Una herramienta comúnmente utilizada en las metodologías de mejora de procesos es la técnica de los "5 porqués". Consiste en formular la pregunta "¿Por qué?" repetidamente hasta llegar a la causa raíz de un problema. Al realizar esta exploración en profundidad, se espera encontrar la verdadera causa subyacente y tomar medidas correctivas adecuadas.

Sin embargo, a pesar de encontrar la respuesta al porqué, desde el enfoque que hayamos elegido, a menudo la respuesta en sí no es suficiente para convertir la experiencia en una oportunidad profunda de crecimiento y avance personal. Hay aspectos más profundos y subjetivos que pueden influir en cómo interpretamos y asimilamos nuestras experiencias, y puede ser beneficioso explorar estos aspectos para un crecimiento más significativo.

# 5. EL PARA QUÉ

Desde un punto de vista puramente racional, el "para qué" puede parecer carente de funcionalidad o utilidad. La mente suele encontrar tranquilidad cuando tiene una explicación lógica y convincente de las cosas. Sin embargo, desde la dimensión del ser, esto no siempre es así.

Cuando hablamos de la dimensión del ser, estamos considerando otros niveles, principalmente los de la conciencia, que buscan comprender más que simplemente explicar. Es en este contexto que la pregunta "¿para qué ocurrió lo que ocurrió?" nos lleva a buscar el propósito o el sentido que está presente en todo, cuya claridad en el descubrimiento genera poderosos movimientos interiores cuando el proceso implica, una vez más desde la conciencia, la búsqueda de evolución, cambio y aprendizaje existencial.

Algunos lo llaman sentido de propósito, el "para qué", el mensaje o el fin último, entre otros términos. Lo cierto es que cuando este elemento es asimilado por la conciencia, la experiencia se ha internalizado tanto que se convierte en parte del individuo, en su "patrimonio experiencial" o, como dirían los contadores, en sus activos.

¿Y qué se requiere para que esto se convierta en la riqueza del individuo? Es simple: que el individuo sea consciente de la transformación que la experiencia ha causado en él.

A diferencia de la metodología para encontrar el "porqué", que requiere cierta repetición, enfoque y un análisis lógico, la búsqueda del "para qué" es todo lo contrario. La pregunta solo necesita ser formulada una vez y debe ir acompañada de silencio, reposo y pausa. Más que buscar la respuesta, se trata de permitir que esta emerja desde el interior.

Se dice que todo ocurre por alguna razón, que todo tiene un propósito en su ocurrencia, incluso si no lo percibimos y aunque las circunstancias parezcan indicar lo contrario. Es frecuente que la respuesta a ese "para qué" no se presente de manera lineal o directa en relación con el evento ocurrido. Por el contrario, lo sucedido puede ser simplemente el medio mediante el cual la vida ha impulsado un cambio necesario en el curso de los acontecimientos, permitiendo que nuevas direcciones aparezcan en el camino y generando otras posibilidades. En ese momento, el propósito se vuelve claro y evidente.

Es en este punto donde la aceptación de la experiencia resulta vital para permitir que las comprensiones necesarias emerjan y podamos ver, de manera amplia y expandida, la naturaleza de los hechos y descubrir el entramado de la existencia.

En su libro "Todo pasa por algo" (p. 17), Mira Kirsehnbaum dice:

"Deseo asegurarte lo siguiente: cuando descubras el verdadero significado de los eventos de tu vida, todo cambiará. Te sentirás más fuerte y comprender que todo tiene un significado te inspirará una gran confianza. Te sentirás más sabio, ya que entenderás cómo están interrelacionadas las cosas. Te sentirás más conectado contigo mismo al comprender que estás viviendo de la manera correcta. Y te sentirás mucho más feliz porque podrás dejar atrás tus pérdidas y tendrás la sensación de que el futuro está lleno de cosas buenas. Hasta que alcances ese punto, nada te parecerá correcto".

En mi propio recorrido de vida, he encontrado este enfoque extremadamente poderoso. Con frecuencia, las circunstancias que se presentan tienen el papel de revelar aquello que estaba oculto por sombras, temores, ocupaciones y diversas situaciones.

Cuando vemos lo que sucede desde otra perspectiva, podemos percibir que estas situaciones están presionando para que aquello que ya no debe formar parte de nuestra vida se aparte. Es como una invitación a abrir espacio para permitir que lo que verdaderamente nos corresponde se manifieste de manera adecuada.

## 6. LAS EXPERIENCIAS MAESTRAS

Permítanme compartir una experiencia que transformó profundamente mi vida.

En el año 2015, vivía en el centro holístico que había construido como parte de un gran proyecto en el que creía ser un emprendedor o empresario. En medio de circunstancias difíciles, me preguntaba qué debía aprender y cómo darle un giro a ese momento.

Solía alquilar el espacio para que otros facilitadores y terapeutas realizaran sus eventos allí. Una llamada preguntando por el lugar para un retiro transpersonal despertó mi curiosidad. Durante la visita de reconocimiento, me hablaron de la meditación, la cual conocía, pero practicaba ocasionalmente y sin mucha disciplina. También me mencionaron el mindfulness, la respiración holoscópica y otras prácticas que aumentaron mi interés por el evento.

El lugar fue reservado para el retiro de tres días y la fecha llegó. Vinieron de España José María Doria, presidente y fundador de la Escuela Española de Desarrollo Transpersonal, Patricia Maroñas y Darina Nikolaeva, miembros del equipo. En el área de registro para el evento, colocaron una exhibición de algunas de sus publicaciones y varios materiales. Entre ellos, una hermosa caja de madera titulada "Inteligencia del Alma". Me acerqué con mucha curiosidad para explorarla. Me dijeron que era una colección de tarjetas, cada una con tres frases escritas por diferentes personajes, y que funcionaba como un oráculo para el alma. Aún más intrigado, pedí permiso, tomé una caja, la abrí, cerré los ojos y seleccioné una tarjeta, pidiendo a la vida una de las muchas respuestas que anhelaba.

Al abrir los ojos, leí: "Desapego es soltar lo viejo, sin que lo nuevo haya llegado aún" - Nisargadatta. En ese momento, no me importó mucho saber quién era ese personaje o cuál era su historia. Esas palabras resonaron profundamente y, sin saberlo, eran el preludio de un cambio de vida que estaba a punto de comenzar.

Luego, me di cuenta de que había un libro que acompañaba la caja, con el mismo título. Impulsado por la experiencia anterior, decidí comprarlo con el poco dinero que tenía disponible en ese momento.

Regresé a mi oficina, aún conmocionado internamente y sintiendo el eco de esas palabras. Me senté en mi escritorio, como siempre hacía con un libro nuevo, lo sostuve en mis manos, cerré los ojos y le pedí a la vida que me mostrara las palabras apropiadas para ese momento. Al abrir los ojos y el libro, quedé atónito y en estado de shock. En la página 125, bajo el título "Ecuanimidad", decía: "Desapego es soltar lo viejo, sin que lo nuevo haya llegado aún" - Nisargadatta.

Apenas pude terminar de leer la frase y la primera línea del siguiente párrafo, que decía: "Nos encontramos en crisis cuando sentimos caducos nuestros modelos...". En ese momento, las lágrimas brotaron con fuerza arrolladora desde lo más profundo de mi ser, impidiéndome leer más.

Eso no podía ser una mera casualidad. Estaba seguro de ello. Aún no lograba procesar completamente el mensaje. Solo la primera parte ya me hablaba de manera muy seria e invitaba a un cambio que no me sentía capaz de asumir, aunque, de alguna manera, lo buscaba.

Como si fuera poco, mientras seguía llorando, escuché que alguien golpeaba la puerta de mi oficina y me llamaba por mi nombre. Era Patricia, invitándome a participar en el evento. Después de compartirle algunas razones por las que creía que no podía hacerlo, me dijo que era una invitación directa de José María, y no pude negarme. Así que fui y hablé con mi equipo para decirles que sería un participante más en el evento y que se las arreglaran sin mí, como siempre lo habían hecho muy bien.

Llegué al salón cuando ya estaban entrando los demás. Nos saludamos brevemente y entramos juntos. José María se sentó en una postura muy relajada, se hizo un gran silencio y, después de unos minutos, dijo, o al menos eso es lo que recuerdo: "Soy José María Doria, tengo 70 años y me dedico a inspirar y acompañar a las personas para que vivan una vida de consciencia, desde una mirada transpersonal".

Esas palabras, al menos por ahora, terminaron de completar parte del mensaje. A los 17 años, había dicho que quería dedicar mi vida al acompañamiento de personas y ser terapeuta. Ahora, a mis 53 años, me encontraba tratando de ser el gerente de un centro holístico con alojamiento, restaurante, salón de eventos, sala de terapias, etc., etc., con infinitas responsabilidades administrativas, comerciales, financieras, legales, etc., etc., que además de pesarme, me mostraban que no tenía la formación ni la actitud adecuada para hacer bien ese trabajo. Me sentía abrumado.

Durante ese fin de semana, tuve una conexión cercana y enriquecedora con José María. Teníamos muchos temas en común, muchas experiencias similares e incluso inquietudes gerenciales compartidas. En una de las conversaciones que más recuerdo, el mensaje fue claro y contundente: "-Rafa", me dijo, "-No tengas más expectativas. La vida son solo posibilidades, puede ser, puede no ser. Siempre es así".

Esa fue otra pieza de lujo para el rompecabezas que la vida me estaba regalando y que comenzaba a intentar armar con toda la información recibida a través de las poderosas actividades del retiro.

La historia continúa con mi decisión de convertirme en alumno de la Escuela ese mismo año. Durante los siguientes 4 años, completé mi formación como facilitador en Desarrollo Transpersonal, Especialista en Terapia Transpersonal, Consultor Mindfulness, Facilitador Mindfulness en Educación, Consultor Especialista en Mindfulness para la salud y el desarrollo. Además, fui invitado a ser tutor de la Escuela para América Latina, acompañando la formación de estudiantes en más de cinco países.

Ahora bien, sin más preámbulos, hablemos de las experiencias maestras y sus características.

Las experiencias maestras son hechos y situaciones que se convierten en hitos trascendentales en la vida de una persona. Tienen el poder de dividir tu historia en dos, creando un antes y un después claramente definidos. Son un proceso completo, un camino que requiere tiempo para consolidarse hasta que se logra el desapego final y se comienza a vivir una nueva vida. En mi caso, puedo afirmar que este proceso ha llevado hasta la fecha en la que escribo este libro.

Además de lo anterior, las experiencias maestras se caracterizan por:

- Afectar múltiples dimensiones de tu vida. No se limitan al ámbito en el que ocurrieron ni al rol que estabas desempeñando. Tocan la totalidad de tu ser y de tus acciones.
- Provocar un impacto emocional profundo. Remueven las fibras más íntimas del corazón y se presentan con una gran sensibilidad que transforma nuestra perspectiva.
- Tener un impacto duradero, tanto en el recuerdo como en las lecciones aprendidas y su importancia en nuestro camino.
- Despertar movimientos internos y generar tomas de conciencia que conducen a decisiones significativas.
- Provocar cambios y transformaciones en diversas áreas de la vida, ya que desmantelan estructuras internas arraigadas (creencias, actitudes del ego, patrones automáticos, entre otros).

- Proporcionar aprendizajes poderosos que pueden compartirse con otros.

En mi visión actual, no todas las experiencias maestras cumplen con todas las características mencionadas, pero sí generan cambios significativos que llamamos lecciones de vida.

Podríamos establecer una categorización de las experiencias para facilitar la identificación de lo que hemos vivido y dar forma a los aprendizajes que se desprenden de ellas. Por ahora, te invito a que reflexiones sobre tu propia existencia y te preguntes qué tipo de experiencias has experimentado y qué lecciones y aprendizajes tienes para compartir. En un capítulo posterior, abordaremos la metodología para hacerlo. Por ahora, simplemente hazte la pregunta y sumérgete en el silencio...

---

"El Conocimiento De Ningún Hombre: Puede Ir Más Allá De Su Experiencia".

John Locke

---

Podemos afirmar, sin lugar a duda, que la mentoría existe porque hay personas que han tenido experiencias dignas de ser compartidas. Hasta aquí, tenemos el ingrediente esencial.

Sin embargo, no basta con tener una experiencia para convertirse en mentor. Es necesario contar con una metodología que permita extraer lo mejor de dicha experiencia y, sobre todo, transmitirla de manera valiosa y aprovechable para aquellos que reciben la mentoría.

Es fundamental trascender el empirismo y no limitarse a aprovechar únicamente el poder de la experiencia vivida. A través de una metodología estructurada, se puede realizar una entrega óptima de la experiencia, agregando todo el valor necesario para que se convierta en una verdadera lección para el mentorado.

En el capítulo correspondiente, abordaremos la metodología de la mentoría consciente en detalle.

# DOS

# LA NATURALEZA DEL APRENDIZAJE

"El aprendizaje es un tránsito hacia la transformación"

Rafael Hernández M.

## 1. DE NUEVO, EL VIEJO PARADIGMA

Desde nuestro sistema educativo, hemos creído erróneamente que aprender significa almacenar información en nuestro cerebro y ser capaces de repetirla y aplicarla cuando sea necesario.

Nuestra mente ha sido formateada, al igual que las computadoras, bajo ciertos parámetros y entrenada de una manera específica para memorizar datos, en lugar de procesarlos y analizarlos. Hemos dado prioridad a los procesos psicológicos básicos, como la sensación, la percepción y la memoria, por encima de los procesos psicológicos superiores, como el lenguaje y el pensamiento.

La creencia de que todos debemos saber de todo y ser buenos en todas las asignaturas ha llevado al desconocimiento de las diferencias individuales, tanto en términos de habilidades como de preferencias.

El aprendizaje no ha sido orientado hacia la vida en sí misma. Se ha centrado en el hacer, en perpetuar el sistema reproduciéndolo cada vez con menos libertad, más automatismos y menos conciencia. Se ha prestado poco o ningún entrenamiento para gestionar las emociones, descubrir el sentido de la vida, explorar nuestro verdadero propósito, fortalecer las habilidades que nos hacen únicos, nutrir el alma a través del arte y comprender la espiritualidad como un camino de evolución basado en la conciencia. También ha habido poca formación, en general, en emprendimiento, cuidado de la naturaleza, protección del medio ambiente y valoración de todas las formas de vida.

Y ahora, la inteligencia artificial, aunque una herramienta poderosa, se convierte en una gran amenaza para el desarrollo del pensamiento y la conciencia expandida. Las respuestas proporcionadas para "todas" las preguntas pueden debilitar cada vez más las conexiones neuronales necesarias para ir más allá de lo establecido, tal como nos pide la vida. Lo rápido, lo fácil y lo predefinido tienden a ser lo preferido.

Las aulas escolares, las cárceles y las oficinas comparten muchas similitudes. Siempre hay alguien que te dice lo que puedes y no puedes hacer, y además te vigilan y castigan si no sigues esas instrucciones. No puedes salir de ellas cuando lo deseas, hay horarios establecidos. Todas están llenas de rutinas y procesos que dejan poco espacio para la creatividad. Con frecuencia, estás rodeado de muros y tienes poco acceso a la luz del sol. Sus estructuras tienden a ser cuadradas y los espacios son reducidos. En fin. Cosas del sistema, ¿No?

## 2. APRENDIZAJE Y CAMBIO

Uno de los elementos más importantes del aprendizaje, y del modelo de mentoría consciente, es el cambio.

El aprendizaje verdadero ocurre cuando se produce un cambio, cuando algo se ha transformado y podemos hablar de un antes y un después. De lo contrario, simplemente tendremos una anécdota de algo que ocurrió, algunos datos en nuestra mente o quizás una habilidad incipiente que no se convierte en destreza. Como dijo Luis Enrique Mejía, "es imposible cambiar y seguir siendo el mismo". Si hemos cambiado, debe haber alguna evidencia observable que refleje la transformación como resultado del aprendizaje.

Esto significa que el cambio, es decir, la evidencia de la transformación es el elemento que finalmente indica si ha habido o no aprendizaje. Esto se aplica a cualquier situación. De hecho, el aprendizaje también puede entenderse como el proceso de resolver algo que requiere un nuevo enfoque. Quizás por eso, Luis Enrique también dijo: "Lo que no se resuelve, vuelve".

Aprendizaje y cambio son inseparables. Nos corresponde ser capaces de identificar, desde la conciencia, las manifestaciones y evidencias de ese cambio para asegurarnos de que el aprendizaje se ha consolidado y ha dado sus frutos.

# 3. LOS NIVELES DEL APRENDIZAJE

El modelo de Ramiro Restrepo González ofrece una excelente y completa perspectiva de cuatro niveles diferentes que se dan en el aprendizaje y que, aunque están relacionados entre sí, establecen diferencias claras entre ellos y permiten inferir los modelos de educación, entrenamiento o facilitación adecuados para cada uno.

El modelo se compone de 5 variables:

1. Nivel: describe una escala que va desde lo simple hasta lo complejo y trascendente.
2. Objetivo: nos indica lo que se busca en cada nivel.
3. Resultado: habla de lo que se obtiene como consecuencia del logro.
4. Unidad de conocimiento: especifica cómo se puede medir ese nivel.
5. Modelo de aprendizaje: lo nombra para diferenciarlo y categorizarlo.

|  | 1 | 2 | 3 | 4 |
|---|---|---|---|---|
| Nivel | Inferior | Medio | Medio / alto | Alto |
| Objetivo | El Qué | El Cómo | El Por Qué | El Para Qué |
| Resultado | Información | Habilidades | Conocimiento | Sabiduría |
| Unidad de conocimiento | El dato | La operación | El concepto | El criterio |
| Modelo de aprendizaje | Enciclopédico | Instrumental | Intelectual | Vital |

*Fuente. Ramiro Restrepo González | Documento Cambio personal y Desarrollo de organizaciones*

**NIVEL INFERIOR:** En este nivel, el individuo es capaz de adquirir, retener y memorizar datos relacionados con un tema específico. Es decir, puede nombrar las partes de algo, por ejemplo.

**NIVEL MEDIO:** En este nivel, el objetivo es desarrollar habilidades específicas que permiten saber cómo operar o realizar algo. Por ejemplo, la habilidad para afinar una guitarra. Este "cómo" implica seguir un proceso y unos pasos, aunque no se puedan explicar detalladamente.

**NIVEL MEDIO-ALTO:** En esta etapa del aprendizaje, que involucra un mayor procesamiento mental, somos capaces de conceptualizar y explicar. En este nivel, podemos cuestionar el porqué de las cosas y llegar a conclusiones basadas en el razonamiento.

**NIVEL ALTO:** Al alcanzar este nivel, la sabiduría guiada por el criterio surge, permitiéndonos explorar la pregunta del "para qué", que nos conecta con el propósito de la experiencia y se convierte en un aprendizaje vital. La unidad de conocimiento en este nivel es el "darse cuenta".

Desde la perspectiva de este libro y su autor, es posible agregar un quinto nivel:

**NIVEL SUPERIOR:** En este nivel, el objetivo es la comprensión, el resultado es la evolución y la unidad de conocimiento es el "darse cuenta". El modelo de aprendizaje en este nivel es transformador.

## 4. APRENDIZAJE TRANSFORMADOR

El aprendizaje transformador está estrechamente relacionado con las experiencias maestras mencionadas anteriormente. Este tipo de aprendizaje tiene las siguientes características:

- **ACEPTACIÓN DE LO QUE OCURRE:** Ya no buscamos explicaciones convencionales para lo que sucede. La comprensión surge como resultado de aceptar la experiencia. Aquí, la aceptación no implica resignación ante lo ocurrido, sino la comprensión de que "eso es lo que hay". No puede haber algo diferente. En ese estado es posible aprender.

- **TRANSVERSALIDAD DE LA CONSCIENCIA:** La consciencia opera de manera transversal en el modelo, desde el "darse cuenta" y la comprensión hasta la transformación, permeando todo el proceso para hacerlo más profundo. El "darse cuenta" no se limita a la mera observación del hecho, sino que abarca todo el proceso e incluso a quien lo acepta, generando mayores comprensiones y, por ende, aprendizajes más allá de la situación en sí.

- **ES EVOLUTIVO:** A medida que el aprendizaje se consolida, se produce un avance en la "experticia" de la situación, que se convierte en una verdadera evolución que va más allá del mero cambio instrumental o adaptativo, producto de aprender a hacer o estar. De esta manera, se convierte en un nuevo umbral de desarrollo interior, un nuevo punto de partida o escalón para el próximo aprendizaje.

- **ES MOVILIZADOR:** Debido a su naturaleza transformadora, impacta la totalidad del ser (por el principio de unidad). Este aprendizaje es movilizador, iniciador o generador de otros procesos e incluso puede llegar a afectar otros aspectos y campos distintos a los de su ocurrencia, despertando o modificando en el individuo otros aspectos como un efecto colateral.

- **GENERA COMPRENSIONES FUTURAS:** Además de las tomas de conciencia que surgen naturalmente en el presente, este aprendizaje actúa como generador de futuras comprensiones, dejando semillas de nuevas perspectivas que surgirán cuando las situaciones las estimulen y hagan florecer. Esta cosecha representa una integración de lo aprendido que trasciende una nueva cognición o forma de ver el asunto.

- **PRODUCE EMOCIONES Y SENTIMIENTOS:** De manera inmediata, el aprendizaje transformador se relaciona con la emoción del momento, manifestada en la dimensión corporal. Una vez que se han producido los elementos anteriores, puede generar o alimentar un estado o sentimiento más evolucionado en comparación con el estado previo al acontecimiento. De esta manera, gracias a nuestra inteligencia emocional, podemos transformar la emoción y elevarla a un estado interior o sentimiento de mayor permanencia.

El aprendizaje transformador es, por tanto, una experiencia que se procesa mental y emocionalmente, y su síntesis reside en el ser, convirtiéndose en un nuevo punto de referencia consciente para nuestra visión y respuesta ante la vida. Esto se evidencia en diferentes dimensiones y comportamientos.

Como veremos más adelante, solo desde la consciencia plena puede existir y manifestarse en su plenitud este tipo de aprendizaje.

# 5. APRENDIZAJE Y MENTORÍA

Dice un viejo refrán que nadie aprende en cabeza ajena. Sin embargo, es cierto que, si alguien ha vivido una experiencia y ha llevado sus aprendizajes a un nivel detallado, la posibilidad de éxito en la transferencia de conocimientos es mayor que si nos limitamos al mero relato anecdótico de los hechos que conforman esa experiencia.

La sistematización de los diferentes tipos de aprendizaje brinda al mentor una riqueza de contenidos que no solo facilita su tarea, sino que también le permite desplegar diversas actividades para compartir, dependiendo de los aprendizajes adquiridos. De hecho, según la complejidad de la situación, el mentor puede ajustar esos contenidos en objetivos específicos que guiarán el proceso de apropiación por parte del mentorado, adaptándolo a su caso particular.

Dado que el proceso de aprendizaje es constante, para el mentor también representa una valiosa oportunidad de observar cómo la transferencia de su experiencia puede requerir modificaciones en función de la naturaleza de los contenidos y su nivel de dificultad. Dado que la mentoría es generalmente un proceso particular para cada mentorado, el mentor también puede determinar qué aspectos son relevantes y cuáles no lo son en cada caso. De esta manera, fortalece su experiencia en términos de proceso y contenido.

# TRES
# PRINCIPIOS ESENCIALES DE LA NATURALEZA HUMANA

No resulta fácil responder preguntas como: ¿Quiénes somos? ¿De qué estamos hechos? ¿Qué significa ser? ¿Cómo puedo saber si estoy creciendo interiormente? ¿Qué he venido a aprender en esta vida?, entre muchas otras posibles.

Cuando tenemos un mayor conocimiento de la naturaleza humana, no solo ampliamos nuestra comprensión de nuestra esencia, sino que también podemos identificar cómo las experiencias nos afectan y movilizan, así como la dimensión subyacente de nuestra necesidad de crecimiento y expansión. De hecho, cada experiencia parece involucrar y comprometer más una dimensión específica de nuestro ser que otras.

Conocer, comprender y observar las diferentes dimensiones de nuestro ser es esencial en este camino de evolución. El modelo que presentamos, los 10 principios o dimensiones de la naturaleza humana, tiene el propósito de servirnos como un mapa de exploración, autoconocimiento y valoración de nosotros mismos, no solo en experiencias de transformación y cambio, sino en la vida misma.

Es importante tener en cuenta que, desde nuestra propia perspectiva y proceso de autoconocimiento y conciencia, cualquier modelo que nos ofrezca una nueva forma de vernos puede facilitar nuestro camino de desarrollo y cambio. Sin embargo, esta importancia se magnifica cuando se trata del proceso de otros a quienes acompañamos desde nuestro rol de mentor.

Sin importar el rol que desempeñes en el acompañamiento de personas, como se mencionará más adelante, el tema o el área en la que te desenvuelvas como mentor, o la metodología que utilices para compartir tus experiencias, siempre estarás interactuando con y para un ser humano, una persona.

Por lo tanto, considero esencial que miremos a ese ser humano desde una perspectiva amplia, teniendo en cuenta los fundamentos de la naturaleza humana que describen las características que nos hacen humanos y que deben ser cuidadosamente consideradas en cualquier proceso de acompañamiento de personas.

Estos planteamientos están basados en un texto escrito en 1996 por el filósofo y economista colombiano Ramiro Restrepo González, titulado "Decálogo de principios de Naturaleza Humana". Este material posteriormente se convirtió en el Capítulo III de su libro "De Hominis: Claves del Desarrollo Humano" (Icontec, 2021). Hemos extraído el contenido que se reproduce aquí con el debido permiso del autor, a quien agradezco su amabilidad.

Después de cada principio presentado, realizaré reflexiones complementarias y mencionaré las aplicaciones de este en el tema que nos ocupa: la mentoría.

## Dice Ramiro Restrepo:

---

*"Las ciencias humanas han ofrecido ya un conocimiento bastante avanzado, pero no acabado, sobre el ser humano, para que, sin "ismos" ni sesgos ideológicos, simplemente alleguemos el material mínimo para perfilar lo que se llamaría los principios o los rasgos fundamentales de la naturaleza del ser humano. Sin empaquetar estos principios y rasgos en una escuela o marca. Por ciencias humanas, se hace referencia específicamente a las múltiples disciplinas relacionadas con el ser humano: la filosofía, la sicología, la sociología, la antropología, la neurociencia, entre otras. La invitación es a tomar de ellas lo mejor y hacer un ordenamiento para efectos pedagógicos.*

*Consideremos el siguiente mapa mental, formado por tres categorías o niveles de conceptos (véase Gráfica):*

*Una primera categoría relacionada con las cualidades esenciales del ser humano, que comparte con todos los seres vivos del planeta: constituir una unidad indivisible (unitario) y ser único e irrepetible (singular). Ese es, el núcleo de su ser, en tanto ser vivo. Es el primer círculo de la gráfica.*

*Una segunda categoría relacionada con la estructura básica de ese ser unitario y singular. En dicha estructura, podemos identificar, al menos, tres componentes esenciales: la corporeidad, la sensibilidad y la consciencia. Es el segundo círculo de la gráfica.*

*Una tercera categoría, relacionada con la fenomenología, es decir, con las manifestaciones visibles de las dos categorías anteriores. En mi apreciación personal, son cinco: la naturaleza lúdica, simbólica, experiencial, relacional y trascendente. Es el tercero y último círculo de la gráfica.*

*Estas diez dimensiones configurarían los principios o rasgos esenciales de la naturaleza del ser humano. Como podrá observarse, el ser humano comparte muchos rasgos, al menos siete, aunque en menor grado de desarrollo, con sus hermanos menores en la deriva evolutiva. Quizás sus rasgos esenciales más diferenciadores son: la consciencia-reflexión, la capacidad simbólica y la dimensión trascendente"*

Veamos entonces estos diez principios y su importancia en la mentoría:

# 1. EL SER HUMANO ES UNIDAD

*"Lo que el ser humano piensa (consciencia), siente (sensibilidad) y hace (corporeidad), forma parte de una unidad indisoluble. Lo que le ocurre al ser humano en las diferentes facetas de su vida (corporal, mental y espiritual; íntima y pública; consciente e inconsciente; laboral, familiar y personal; etc.), es un mismo hecho, con unas mismas consecuencias. No es posible fragmentar, ni separar, ni intervenir separadamente. El ser humano es uno, una es su vida, e integral debe ser la manera de abordar su realidad. Todo abordaje desintegrado del ser humano produce un desarrollo desintegrado y, por lo mismo, altamente inefectivo".*

Cada vez es más evidente que la unidad que somos funciona como un sistema integrado. Por lo tanto, los diferentes componentes de nuestro ser no se mueven por separado como resultado de las experiencias que vivimos. Todo nuestro ser está interconectado y afecta a esa unidad en su totalidad.

En la mentoría, es fundamental reconocer las relaciones internas que el tema de la mentoría tiene y genera en esta unidad, ya que allí pueden existir aspectos que potencialmente limiten o, por el contrario, sean poderosamente habilitadores de los resultados esperados. Se requiere una visión integral.

## 2. EL SER HUMANO ES SINGULAR

*"Cada ser humano es producto, no solo de su propia "lotería" genética, y de su hábitat cultural, sino, ante todo, de su experiencia vital. Por tal motivo, es un ser único e irrepetible, por lo que debe considerarse como un universo singular de significados que, por tanto, requiere atención individual y diferenciada. Tratarlo bajo fórmulas genéricas, que no hagan relación con su historia y con su aquí y su ahora, violentan su realidad individual y estrangulan cualquier posibilidad de desarrollo".*

Aquí, es crucial reconocer esa singularidad. Desafortunadamente, en nuestra cultura y sistema, ya sea educativo, empresarial o social, ha predominado la masificación y el enfoque colectivo. Las personas que se destacan o se salen de la norma a menudo han tenido que sobrevivir a pesar de la resistencia del entorno. Aquello que se aparta de la norma no es validado, sino excluido.

En la mentoría, esta consideración de la individualidad es el eje central del proceso, ya sea que se realice de manera individual o grupal. Siguiendo en esa misma línea, el ritmo de evolución de cada individuo es igualmente único, por lo tanto, no puede haber procesos estandarizados en el acompañamiento humano si lo que se busca es respetar esa singularidad.

## 3. EL SER HUMANO ES CONSCIENCIA

---

*"La capacidad esencial, que distingue al ser humano de todos los demás seres, es su capacidad de "darse cuenta" (reflexión). A partir de ese "darse cuenta", el ser humano desarrolla su capacidad de aprendizaje, que lo conduce a modificar su pensamiento y su conducta. Este proceso de "darse cuenta", que puede ser lento o acelerado, conduce a que los seres humanos vayan ampliando su campo de conciencia, enriqueciéndolo con nuevos significados y con significados cada vez más detallados, profundos y amplios. La historia de pegar ladrillos, levantar un muro o construir una catedral ilustra maravillosamente este proceso de ampliación del*

> *campo de conciencia. El campo de conciencia de un ser humano es susceptible de ser ampliado de una manera deliberada, y en esto radica la esencia del desarrollo humano; pues, una vez ampliado el campo de conciencia, todos los sentimientos y actuaciones del ser humano mejoran y se enriquecen como consecuencia natural".*

Muy interesante el reconocimiento de esta tríada: sensibilidad, corporeidad y consciencia. Es como tener en cuenta el corazón, el cuerpo y el alma (aunque algunos sostengan que la consciencia reside en la mente, quizás el "darse cuenta" sí se encuentre ahí). Aquí también reconocemos el poder que la consciencia le otorga al individuo para moverse de un estado a otro y avanzar en su proceso evolutivo, cuando su enfoque trasciende el objeto y se dirige hacia el cosmos.

En la mentoría, como mencionaremos repetidamente en este libro, no puede haber un proceso de transferencia de experiencias que no involucre la consciencia tanto del mentor como del mentorado. La consciencia actúa como un filtro relevante y permite una perspectiva amplia que contempla la totalidad de lo que somos, sin quedar absorbido únicamente por lo que la mente considera importante. Y como bien sabemos, el método de la indagación y la auto indagación, a través de preguntas poderosas, será siempre la forma más enriquecedora para lograr este objetivo.

# 4. EL SER HUMANO ES SENSIBILIDAD

*"La capacidad complementaria de la conciencia es la sensibilidad, que consiste en el grado de desarrollo de las capacidades perceptivas y emocionales. A más desarrollo, es posible esperar que un ser humano concreto capte detalles más finos de cada hecho y de cada cosa, y significados más profundos de esos mismos hechos y cosas. A mayor sensibilidad, así mismo, se da un mayor compromiso afectivo del ser humano con cada hecho y cada cosa. Los sentimientos se desarrollan igualmente en profundidad, detalle y finura. La sensibilidad, pues, es una dimensión de la conciencia, susceptible de ser cultivada y desarrollada deliberadamente".*

Aunque el autor no hace referencia directa a este concepto, creo que estamos hablando, ni más ni menos, que, de inteligencia emocional. Ella incluye, desde el proceso de la sensación, hasta los sentimientos, pasando en el medio por las emociones, las que se evidencian tanto en la dimensión intrapersonal como la interpersonal.

Desde la mirada más reciente de las neurociencias y la inteligencia del corazón, es importante recordar que este último procesa la experiencia antes que el cerebro, y además posee la capacidad de tener una noción o idea conceptual, incluso antes de ser verbalizada.

En la mentoría consciente, este aspecto de la naturaleza humana es fundamental, ya que la experiencia en sí misma es de naturaleza sensible antes que mental. Por lo tanto, todo lo que compartimos con el mentorado desde nuestra experiencia está necesariamente tocando este componente, y la forma en que lo hacemos también genera en él otras respuestas de este mismo tipo. De esta manera, la mentoría se convierte en una activadora de la sensibilidad del individuo y de todas las manifestaciones propias de este elemento de la naturaleza humana.

## 5. EL SER HUMANO ES CORPOREIDAD

*"Algunos opinarán que se debería haber ubicado este apartado antes de los dos anteriores, o quizás de primero, ya que toda evidencia sensorial así lo dice: el ser humano es, primero que nada, una entidad corporal, visible, tangible. Pero se ha preferido situarlo en este punto, justo porque el cuerpo es el soporte material de todo lo anterior (unidad, singularidad, consciencia y sensibilidad).*

*El ser humano no es su cuerpo, pero todo lo que el ser humano es pasa por su corporeidad. De ahí que apreciarlo, respetarlo, cuidarlo y mantenerlo en buena forma, desde la infancia hasta la muerte, es una obligación ética de primer orden, tanto para los individuos, como para las organizaciones, las sociedades y los gobiernos".*

Desde algunos modelos del ser, como el planteado por George Gurdieff, maestro místico, escritor y compositor de origen ruso, se considera que la corporeidad es el vehículo a través del cual transitamos por el camino de la vida. Aunque formamos parte de un todo unificado, la corporeidad tiene su propio lenguaje para expresarse, como las emociones e incluso las enfermedades.

En el contexto de la mentoría, la corporeidad representa no solo eso, sino también el movimiento de ese vehículo hacia la acción. Implica realizar acciones con sentido y estar profundamente conectado con la consciencia y la sensibilidad.

## 6. EL SER HUMANO ES LÚDICO

*"Es este el primer rasgo relativo a la tercera categoría de rasgos de la naturaleza humana, relacionada con la fenomenología, es decir, con las manifestaciones visibles de los cinco rasgos ya descritos.*

*El ser humano, frente a todo evento negativo, se llena de temores y de angustia, que lo inhiben y bloquean en su pensamiento, sus sentimientos y su conducta. Por el contrario, frente a todo evento positivo, se llena de alegría y de fuerza interior que lo llevan a nuevos pensamientos, sentimientos mejorados y acción innovadora. En un ambiente de placer, el ser humano fluye y despliega su potencial. En un ambiente de displacer y temor, el ser humano se bloquea y pierde su sana agresividad. Lograr que el trabajo sea una experiencia vital, llena de significados, una experiencia placentera y lúdica, es el mejor ambiente para el desarrollo de la creatividad y del ser humano en su totalidad. Igual principio es aplicable a todas las áreas de la actividad humana: la educación, la vida familiar, los espacios de convivencia y la vida política, entre otros".*

---

Podemos afirmar que el juego es uno de los elementos fundamentales en el desarrollo humano, ya que contribuye al bienestar emocional, social y cognitivo. El juego se caracteriza por ser espontáneo, creativo y flexible, lo que permite a las personas explorar, experimentar y aprender de manera activa gracias al placer que proporciona.

En el contexto de la mentoría, la incorporación del juego, de la lúdica en general, no solo reconoce la importancia del placer, la diversión y el disfrute, sino que también fomenta que el proceso de mentorado vaya más allá de lo puramente mental, cognitivo y orientado a resultados. La mentoría lúdica permite que el mentorado se mueva con mayor fluidez en su proceso de aprendizaje, aprovechando la flexibilidad y el elemento lúdico como una herramienta para un aprendizaje más efectivo.

# 7. EL SER HUMANO ES SIMBÓLICO

---

*"El ser humano tiene la necesidad natural de representar los grandes significados que le dan sentido a su existencia en expresiones materiales que denominamos símbolos. Por este motivo el hombre construye permanentemente ritos que comparte con otras personas, y que lo vinculan con su realidad trascendente a partir de la experiencia del día a día. Coincidente con lo anterior, la estructura cerebral del ser humano está más diseñada para recibir y aprehender contenidos estéticos: imágenes llenas de armonía, de color, de detalle, que para recibir y aprehender contenidos fríos de información".*

---

Carl Jung consideraba que los símbolos eran expresiones y manifestaciones del inconsciente colectivo, una capa profunda de la psique compartida por todos los seres humanos. Según Jung, trabajar con los símbolos podía llevar a la expansión de la conciencia y al desarrollo personal. Además, Jung afirmaba que los símbolos estaban estrechamente relacionados con los arquetipos, que eran patrones universales e innatos presentes en el inconsciente colectivo. Estos arquetipos representaban formas básicas de la experiencia humana, como la madre, el héroe, el sabio, entre otros.

En el contexto de la mentoría, este aspecto de la naturaleza humana abre una oportunidad infinita para incorporar el poder del símbolo y el ritual en la metodología. Estos elementos poseen un alto valor para el acompañamiento del mentorado y también para el propio mentor en su camino. Al utilizar símbolos y rituales en la mentoría, se pueden evocar significados profundos, despertar la imaginación, facilitar la comprensión y promover la transformación personal.

# 8. EL SER HUMANO ES SU EXPERIENCIA VITAL

---

*"Lo que el ser humano llega a ser, es producto de todo aquello que le haya representado una experiencia vital, entendida ésta como un contacto sensible y profundo con la realidad (deliberado y sensible; conciencia + sensibilidad). Es decir, de todos aquellos hechos que hayan "tocado" su conciencia y su sensibilidad de una manera integral. Ningún conocimiento verdaderamente nuevo y durable es posible en el ser humano si no es por la vía de la eaxperiencia vital. Mientras no se haya incorporado un hecho o un dato a la conciencia y a la sensibilidad, no es posible decir que se ha aprehendido. La experiencia, así mismo, es susceptible de ser desarrollada, en la medida en que normalmente, en el día a día, los seres humanos tenemos experiencias con bajo nivel de sensibilidad y profundidad de significados. Trabajamos y vivimos mecánicamente, de una manera poco deliberada".*

---

Podemos afirmar que la experiencia maestra y el aprendizaje transformador, tal como los describimos en nuestro modelo, son una fuente vital que nutre tanto la sabiduría como la realidad del momento presente. Por esta razón, en el ámbito de la mentoría, es crucial brindar cuidado y atención al momento vital del mentorado y a la experiencia misma que es objeto de la mentoría. Esto se debe al poder e impacto que dicha experiencia tiene en la unidad del ser y, asimismo, en los resultados de la mentoría.

Además, no debemos subestimar la importancia de que el mentor sepa extraer siempre lo mejor de su propia experiencia vital. Esto le permitirá, por un lado, guiar al mentorado hacia el discernimiento necesario, y, por otro lado, transmitirle la esencia de lo vivido de manera efectiva.

## 9. EL SER HUMANO ES RELACIONAL, ES CON OTROS

*"Una necesidad fundamental del ser humano es la de recibir y dar atención, entendida ésta como el proceso mediante el cual un ser humano se pone en contacto sensible con otro. Pone su interés vital en los asuntos del otro, y siente que el otro se interesa vitalmente por sus asuntos (escucha activa + habla activa). El ser humano crece en sí mismo y ayuda a crecer a otros, dependiendo de la calidad, frecuencia e intensidad de su contacto con otros. Este contacto, a su vez, es susceptible de ser desarrollado: de contactos superficiales, que no comprometen la conciencia y la sensibilidad, es posible evolucionar*

*hacia contactos profundos que comprometan estas dimensiones de la experiencia y, de esa manera, encontrar en el contacto con otros una variable fundamental del desarrollo. El trabajo en equipo, así orientado, no es una moda, sino una necesidad fundamental de la naturaleza del ser humano".*

---

Este aspecto tiene una gran importancia y significado en nuestro camino personal de desarrollo y evolución. Es cierto que siempre somos tanto maestros como aprendices en una relación, y muchas veces desempeñamos ambos roles al mismo tiempo. También reconocemos que las personas que están en nuestra vida en cada momento vital son las adecuadas para nuestro crecimiento y desarrollo.

Si unimos estos dos elementos, comprenderemos que todos los vínculos y relaciones tienen un potencial infinito para convertirse en una maestría perfecta. Además, en general, cada experiencia y cada historia involucran a otras personas en su trama, lo que implica que las experiencias provienen de una poderosa combinación de hechos y relaciones interconectadas.

En la mentoría, es necesario tener en cuenta este aspecto, ya que cualquier tema que se esté abordando, incluso los más especializados, contará con la presencia de "otros" que pueden estar formando parte del proceso del mentorado o influenciándolo de alguna manera. Para el mentor, reconocer cómo los vínculos del mentorado pueden estar influyendo en su proceso es de vital importancia para brindar un acompañamiento adecuado.

# 10. EL SER HUMANO ES TRASCENDENTE

---

*"El ser humano está hecho para contribuir a procesos transpersonales; a hechos y, sobre todo, a fines que sobrepasen la realidad individual, de una manera acorde con la ampliación del propio campo de conciencia. "Tener un ideal es tener una razón para vivir", decía alguien. La importancia de esta dimensión es tal, que el desarrollo personal no se vuelve autónomo mientras no haya ocurrido un contacto sensible con realidades trascendentes. En una palabra: una variable clave del desarrollo humano es la construcción de significados trascendentes. Si ello se hace en equipo, hay ganancia obvia de sinergia".*

---

Todo lo que hacemos y lo que nos sucede tiene un propósito, ya sea que seamos conscientes de ello en el momento o no, incluso en ocasiones en las que no logramos verlo. Por lo tanto, el impacto trascendente de una experiencia no siempre es evidente de inmediato ni en el presente cercano. A veces, como dijo Steve Jobs, "hay que conectar los puntos" del camino para comprender el significado profundo de ciertos acontecimientos.

Para un mentor, un hecho puede resultar trascendente mientras que para el mentorado puede no serlo. Lo interesante en este sentido es formular siempre preguntas que amplíen la perspectiva y consideren las múltiples posibilidades que puedan surgir. No estamos hablando de matemáticas, donde las respuestas son concretas y definidas, sino de explorar las distintas dimensiones y sentidos que una experiencia puede tener.

De otro lado, la experiencia que acompañemos como mentores siempre tendrá una conexión con el propósito de vida y la misión trascendente del mentorado. Comprender la dinámica de esa relación es igualmente importante y de gran alcance.

En resumen, la labor del mentor puede potenciarse significativamente si reconoce, en cada caso, los elementos de la naturaleza humana que tienen mayor relevancia en el proceso que está acompañando. Además, los mentores, académicos y metodólogos de la mentoría, especialmente aquellos en el ámbito del desarrollo humano, tienen la oportunidad de diseñar y aplicar herramientas específicas para trabajar con estos principios. Esto elevará el nivel de conciencia tanto de ellos mismos como del mentorado acerca de la influencia de estos elementos en su camino, proceso y logros.

# CUATRO

# EL DESPERTAR DE LA CONSCIENCIA.

---

"Todo aumento de consciencia determina un cambio en la estructura que habita"

LUIS ENRIQUE MEJIA

---

## 1. BREVE INTRO

Podemos abordar el despertar de la consciencia desde diversas perspectivas.

1. Es un estado actual de la humanidad que surge como resultado de múltiples situaciones, llevando a las personas a ver el mundo desde nuevos paradigmas. Esto les permite elegir de manera más responsable las opciones de vida que consideran importantes para su camino personal.

2. Es una respuesta natural del ser humano a su proceso de búsqueda. En ocasiones, las fuentes convencionales no han proporcionado suficiente nutrición espiritual, lo que genera insatisfacción y la exploración de diferentes caminos en busca de lo que se considera como la verdad.

3. El despertar de la consciencia puede ser entendido también como un camino espiritual independiente de las religiones y sistemas de creencias ortodoxos. Este camino ofrece respuestas dinámicas a medida que el individuo avanza en su vida, en contraposición a respuestas deterministas que solo explican parcialmente su realidad.

4. Por último, puede ser visto como una forma de rebelión ante el sistema de creencias que rige nuestras vidas, desafiando las estructuras y matrices que nos gobiernan. Esto permite a las personas explorar formas alternativas de vivir, resolver y enfrentar los desafíos que se les presentan.

Cualquiera que sea la opción elegida, queda claro que el despertar de la consciencia es un proceso continuo que permite a los seres humanos recuperar libertades perdidas para su libre albedrío. Además, les brinda la oportunidad de redefinir la forma en que desean transitar este camino de recuerdo y recuperación de la esencia que nos habita.

## 2. EL CONCEPTO DE CONSCIENCIA

Desde siempre, el ser humano ha estado en búsqueda de conocimiento, no solo sobre sí mismo, sino sobre todo aquello que le permita comprender la realidad que lo rodea.

La consciencia ha sido uno de esos conceptos que ha capturado la atención de pensadores, filósofos, teólogos, psicólogos, humanistas y muchos otros, acercando el concepto a terrenos cada vez más profundos y, al mismo tiempo, más concretos, comprensibles y aplicables.

Para algunos, la palabra "conciencia", en su sentido moral, se refiere a la capacidad de distinguir entre el bien y el mal. En cambio, la palabra "consciencia" se relaciona con un acto del sujeto respecto a sí mismo.

Veamos qué piensan diferentes autores al respecto:

Aristóteles definió la conciencia como la relación del alma consigo misma.

Descartes identificó la conciencia con el yo, con la realidad sustancial del individuo.

Freud, por su parte, enseñó que la consciencia era el órgano perceptual de nuestra vida mental, originalmente inconsciente. La consciencia no sería simplemente una porción de la actividad psíquica, sino una percepción o reflexión sobre esta, intrínsecamente inconsciente.

En 1690, con la publicación de la obra clásica de John Locke, "Ensayo sobre el entendimiento humano", se introdujo por primera vez la palabra "conciencia" como un término abstracto, definiéndola como "la percepción de lo que sucede en la propia mente de un individuo" (Ballin, 1989).

Ken Wilber, un destacado escritor estadounidense y representante de la psicología transpersonal, cuyos intereses abarcan filosofía, psicología, religiones comparadas, historia, ecología y misticismo, sostiene que la conciencia representa un proceso jerárquico de estados, donde cada uno de ellos es parte de un estado superior más amplio que los engloba.

Desde mi perspectiva y en el contexto de mi enfoque en la mentoría consciente, me referiré a la conciencia como la capacidad que poseemos para ser conscientes de lo que ocurre dentro y fuera de nosotros mismos, en el momento presente, sin juzgar ni juzgarnos.

## 3. EL DARSE CUENTA

Contrariamente a lo que muchos piensan, el "darse cuenta" no es una herramienta exclusiva del coaching ni del mentoring. Fritz Perls, médico neuropsiquiatra y psicoanalista, junto con su esposa Laura Posner, fue el creador de la Terapia Gestalt. Desde el enfoque gestáltico, Perls fue uno de los primeros en acuñar el término "darse cuenta", refiriéndose a él como "la melliza desdibujada de la atención". El "darse cuenta" es más difuso que la atención, implica una percepción relajada en lugar de una percepción tensa, y es llevado a cabo por la persona en su totalidad.

Si bien es cierto que existe una estrecha y profunda relación entre la atención, el "darse cuenta" y la consciencia, podemos diferenciar claramente estos conceptos.

La atención puede ser entendida como el lugar donde se encuentra nuestro enfoque sensible, lo que determina si registramos y percibimos o no un estímulo o información específica. Algunas de sus características más importantes incluyen el volumen, que es el tamaño del campo hacia el cual se dirige el enfoque, determinando así la cantidad de elementos que pueden ingresar o no en él; la fluctuación, que es la variabilidad del enfoque en la dirección en la que se orienta y se mantiene; y la voluntariedad, que tiene que ver con el esfuerzo necesario para mantener o disipar la atención, entre otros aspectos.

El "darse cuenta" implica el registro atento de la información que existe en el campo donde se enfoca la atención. Es la información de la cual nos percatamos al ser seleccionada entre un conjunto de posibilidades existentes.

Podemos identificar tres grandes áreas del "darse cuenta":

Zona interna: Todo lo que ocurre dentro del ámbito personal, desde la piel hacia adentro.

Zona externa: Todo lo que ocurre fuera del ámbito personal, desde la piel hacia afuera, y que captamos a través de los cinco sentidos.

Zona media o de la fantasía: Todo lo que pasa por nuestra mente, es decir, los pensamientos relacionados con el pasado o el futuro.

La consciencia, también conocida como "awareness", como se mencionó anteriormente, es el proceso completo de la atención y el "darse cuenta" en el momento presente, libre de juicios.

Es importante mencionar que muchos autores utilizan los términos consciencia y "darse cuenta" como sinónimos, mientras que otros establecen diferencias, enfatizando que la consciencia se refiere a la atención del sujeto sobre sí mismo.

## 4. COMPONENTES DE LA TOMA DE CONSCIENCIA

Ser consciente es el resultado de un proceso gradual en el que me voy volviendo consciente a medida que avanzo por el camino de la observación, la autoobservación y la auto indagación.

Si bien es cierto que el "darse cuenta" es el núcleo o corazón del proceso de ser consciente, como una instantánea de un momento determinado, llegar a ese punto implica varias fases y componentes.

En primer lugar, tenemos la observación. Es dirigir conscientemente la mirada hacia afuera para ver al otro y lo demás, liberándonos de juicios y utilizando el "darse cuenta" de la zona externa a través de todos los sentidos.

En segundo lugar, está la autoobservación, que nos ofrece varias posibilidades. Implica aplicar el "darse cuenta" a la zona interna y a la zona media, trayendo hacia adentro lo observado externamente, comprendiendo su significado y su relación conmigo mismo, con mi momento o proceso.

La auto indagación, por otro lado, tiene mucho de autoobservación, pero no necesariamente requiere información externa. A través de preguntas deliberadas, se enfoca en la búsqueda de sentido, expandiendo la mirada frente a una situación concreta, una emoción, un sentimiento o un momento vital.

En cualquier caso, está claro que cuando observamos, nos auto observamos o nos auto indagamos, hay un "alguien" dentro de nosotros que lo está haciendo, y el resultado de dicho proceso dependerá de quién sea ese "alguien". Puede ser nuestra personalidad, nuestro ego, nuestra sombra, nuestra máscara o nuestra verdadera esencia. Este es el primer elemento o componente.

Además, quien observa interpreta lo que ve desde un lugar en el que residen sus sistemas de creencias, sus programaciones mentales, sus heridas de la infancia y todos los contenidos conscientes e inconscientes que lo habitan. Solo al llegar a un estado de mirada neutral, donde simplemente ve lo que es, sin interpretar, se vuelve consciente. Este es el segundo componente.

El tercer elemento es hacia dónde dirige su mirada, que puede tener solo dos opciones: hacia afuera o hacia adentro.

*Componentes de la Consciencia desde el modelo Mindful Living |*
*Rafael G. Hernández M*

Lo que se hace con aquello que se ve, es decir, la forma en que uno se "siente" y se "comporta" con lo observado, puede tener varios matices. Va desde reaccionar o responder, hasta aprender o cooperar, y finalmente evolucionar. Este sería el cuarto componente.

Además, podríamos hablar de un quinto elemento o resultado final, que es el estado interior que se experimenta a lo largo de todo el proceso. Este estado puede oscilar entre el miedo y el sentido de unidad.

# 5. EL ACTUAR CONSCIENTE

En cualquier momento o circunstancia, puedo optar por actuar de manera voluntaria y deliberada, siendo consciente de lo que hago, digo, siento y cómo lo hago, entre otros aspectos. Este actuar consciente implica tener la intención de hacerlo de esa manera, ya sea por un propósito definido o porque es parte de mi forma natural de ser.

Por otro lado, puedo tomar la decisión de actuar conscientemente al darme cuenta, mientras estoy en la acción, de los automatismos o de la posible desconexión con el momento presente. En ese momento, puedo cambiar el modo mecánico de actuar por una acción más consciente, observada y atenta.

En última instancia, puedo entrenarme para actuar conscientemente de manera habitual, lo que significa que se convierte en una práctica arraigada en mi vida cotidiana.

Lo relevante, tanto en una elección consciente como en una respuesta espontánea, es que actuar conscientemente tiene un poderoso impacto en la forma en que vivimos, además de influir en los resultados que obtenemos, los cuales pueden ser significativamente diferentes.

## 6. CONSCIENCIA, MINDFULNESS Y MENTORA

Existe una relación perfecta e inseparable entre la consciencia y el mindfulness. Sabemos que el mindfulness, en su esencia, es el arte de estar presente en el momento, observando lo que está sucediendo mientras sucede. Y como hemos mencionado, la consciencia es ese acto de darse cuenta, sin juzgar, de lo que ocurre dentro y fuera de uno mismo.

En el modelo de mentoría consciente, veremos que el mindfulness y la consciencia juegan un papel de suma importancia, no solo en la experiencia vivida, sino también en la estructuración y transferencia de dicho proceso.

De alguna manera, la naturaleza de la mentoría implica acompañar a otros a ser más conscientes de su propia experiencia, compartiendo las vivencias propias como referencia, para que el mentorado pueda tener su propio proceso de darse cuenta.

No puedo concebir ningún programa profesional de mentoría que no esté impregnado transversalmente por el proceso de consciencia y las metodologías del mindfulness. De lo contrario, existe el riesgo de convertirse en un mero proceso instructivo o de facilitación del aprendizaje, que, aunque efectivo, desvirtúa la esencia de la verdadera mentoría consciente.

# CINCO

# EL ACOMPAÑAMIENTO DE LAS PERSONAS.

## 1. EL ACOMPAÑAMIENTO ¿UNA NECESIDAD?

En la época actual, donde las personas y su bienestar ocupan un lugar de mayor atención y protagonismo saludable, es innegable que cada vez se demandan más profesiones dedicadas al acompañamiento en el proceso de desarrollo integral desde una perspectiva holística.

Hemos superado la visión fragmentada de la formación, enfocada únicamente en el aprendizaje de habilidades, para reconocer que el hacer y el ser requieren un espacio equilibrado y armonioso en la vida, favoreciendo así un desarrollo integral.

En este sentido, han surgido roles que, inicialmente, fueron asumidos principalmente por profesiones humanistas que, debido a su formación, se han dedicado a acompañar a otros desde diversas disciplinas y perspectivas.

Además, existen otras consideraciones relevantes sobre el acompañamiento de personas. Desde la perspectiva del desarrollo humano, podemos identificar dos principales motivos por los cuales una persona emprende un proceso de crecimiento personal. Por un lado, puede ser a raíz de una "experiencia maestra" de gran impacto, a menudo dolorosa, que la impulsa a buscar salir de esa situación. Por otro lado, puede ser el resultado de una toma de consciencia, desde una expansión de la conciencia, de la necesidad de recorrer un camino que le permita avanzar y evolucionar de manera integral.

A partir de esto, podemos hablar de una clasificación amplia del acompañamiento de personas:

1. Acompañamiento enfocado en la sanación, recuperación o superación de diversas situaciones físicas, emocionales, mentales e incluso espirituales.
2. Acompañamiento orientado al desarrollo de competencias, talentos, cambios personales y, en general, al crecimiento interior.

Con el rápido desarrollo de las ciencias del comportamiento, las neurociencias, las metodologías y las disciplinas de la conciencia, así como la aparición de formaciones especializadas fuera del sistema educativo tradicional, han surgido diversos roles especializados a los que profesionales de diferentes disciplinas han tenido acceso. Estos roles pueden ser denominados oficios, roles, profesiones u otras denominaciones similares. Lo cierto es que hoy en día, desde múltiples perspectivas y enfoques, millones de personas se dedican a acompañar a otras personas, ya sea como instructores, entrenadores, facilitadores, coaches, terapeutas, mentores, asesores, consultores, entre otros.

Sin embargo, es importante destacar que en la mayoría de los casos mencionados no existe una delimitación clara de los límites y fronteras de cada uno de estos roles. Aunque la formación que han recibido los habilita para ciertas funciones, no necesariamente los capacita para manejar de manera profesional las situaciones propias de cada rol, especialmente cuando se trata de acompañar en temas personales, existenciales o terapéuticos.

En este capítulo, haremos un breve recorrido por cada uno de estos roles, buscando establecer algunas diferencias entre ellos. No obstante, es importante mencionar que, si una persona cuenta con formación en más de uno de estos roles, podrá actuar desde el rol más adecuado en el momento correspondiente.

## 2. ROLES DEL ACOMPAÑAMIENTO

A lo largo de nuestra vida, recibimos y brindamos acompañamiento en diversas situaciones, independientemente de las profesiones u oficios de los acompañantes y sus formaciones en este campo. A continuación, realizaremos un repaso de los principales roles que desempeñamos en el acompañamiento:

## 2.1  INSTRUCTORES Y FACILITADORES:

Aunque a menudo se utilizan indistintamente, existen algunas diferencias importantes entre un instructor y un facilitador.

Un instructor es una persona que posee conocimientos y habilidades especializadas en un área en particular y utiliza su experiencia para enseñar y guiar a otros en la adquisición de esas habilidades y conocimientos. Los instructores suelen tener un enfoque más centrado en el contenido y en la transferencia de información.

Los instructores pueden trabajar en una variedad de campos, como educación, deportes, música, tecnología, salud, desarrollo humano, gestión, entre otros. Pueden enseñar a estudiantes individuales o en grupos, y pueden trabajar en entornos formales o informales.

Los instructores pueden emplear una variedad de técnicas y métodos para facilitar el aprendizaje de sus estudiantes, como presentaciones, demostraciones, ejercicios prácticos, debates, retroalimentación y evaluaciones. También pueden ser responsables de la preparación de planes de estudio, la creación de materiales didácticos y la evaluación del rendimiento de sus alumnos.

Por otro lado, un facilitador es una persona que actúa como guía o moderador en un proceso de aprendizaje, toma de decisiones o resolución de problemas. El facilitador ayuda a los participantes a compartir información, ideas y perspectivas, y a llegar a soluciones y decisiones de manera colaborativa. Los facilitadores se centran en el proceso y en la dinámica del grupo, fomentando la participación y la colaboración.

El facilitador no impone sus ideas o soluciones a los participantes, sino que los ayuda a desarrollar sus propias soluciones a través de un enfoque colaborativo y participativo. El facilitador también fomenta la participación de los asistentes, asegurándose de que todos tengan la oportunidad de expresarse y contribuir al proceso. Desde la perspectiva de la enseñanza, el facilitador busca explorar los conocimientos previos de sus alumnos y construir el aprendizaje junto con ellos.

El rol del facilitador es especialmente importante en situaciones que requieren una colaboración efectiva entre varias partes o en la resolución de problemas complejos. El facilitador puede trabajar en una variedad de contextos, como reuniones empresariales, grupos de discusión, talleres y sesiones de formación.

En resumen, mientras que el instructor se enfoca en la transferencia de conocimientos y habilidades, el facilitador se enfoca en el proceso de aprendizaje, toma de decisiones y en facilitar la colaboración entre los participantes.

**2.2 ASESORES Y CONSULTORES**: Un asesor es alguien que brinda orientación y asesoramiento experto en un área específica. Puede ser un profesional que trabaja en una empresa o un asesor financiero que brinda servicios a individuos o empresas en temas de inversión, impuestos y planificación financiera.

Un asesor puede ser contratado para proporcionar consejos y recomendaciones sobre una amplia gama de temas, como finanzas, negocios, tecnología, marketing, recursos humanos, asuntos legales, entre otros. Su papel principal es ayudar a sus clientes a tomar decisiones informadas y estratégicas basadas en su experiencia y conocimientos especializados.

Por otro lado, un consultor es un profesional especializado que brinda asesoramiento experto y soluciones prácticas a empresas, organizaciones y particulares en una amplia gama de temas. Un consultor puede trabajar en áreas como estrategia empresarial, recursos humanos, tecnología de la información, finanzas, marketing, operaciones, logística, entre otras.

Los consultores trabajan con sus clientes para identificar problemas, evaluar oportunidades y diseñar soluciones personalizadas que satisfagan sus necesidades. Pueden proporcionar asesoramiento estratégico, ayudar en la implementación de cambios organizacionales, brindar capacitación y desarrollo de habilidades, y también pueden ser responsables de la gestión de proyectos específicos.

Aunque los términos "asesor" y "consultor" se utilizan a menudo indistintamente, existen algunas diferencias sutiles entre ellos.

Un asesor tiende a trabajar en una relación de asesoramiento continua con un cliente y se enfoca en proporcionar recomendaciones y orientación experta en un área particular. Su enfoque principal es ayudar al cliente a tomar decisiones informadas y estratégicas. Por lo general, un asesor trabaja más estrechamente con el cliente y se centra en brindar soluciones personalizadas y específicas a las necesidades de ese cliente.

En cambio, un consultor tiende a ser contratado para un proyecto específico, y su enfoque principal es proporcionar soluciones prácticas y eficaces para resolver un problema o desafío particular del cliente. El consultor es un experto en un área específica y utiliza su experiencia para identificar y resolver problemas en una organización. El consultor puede trabajar en un proyecto a corto plazo o en una relación de asesoramiento más amplia.

En resumen, mientras que un asesor brinda recomendaciones y orientación continua, un consultor se enfoca en proporcionar soluciones específicas a problemas o desafíos particulares. En general, ambos roles comparten la misión de ayudar a los clientes a tomar decisiones informadas y estratégicas en un área específica.

**2.3 LOS COACHES**: El coaching es un proceso de acompañamiento de personas, generalmente en situaciones de cambio, desde un estado actual hacia un estado futuro deseado por el coachee o cliente. Este proceso utiliza metodologías, herramientas y recursos de diversas disciplinas. A través de conversaciones bien estructuradas entre el coach y el coachee, centradas en el presente, se orienta al cliente para que encuentre las respuestas y recursos necesarios para lograr por sí mismo el objetivo deseado y acordado durante el proceso.

Podemos decir que el coaching es una metodología de acompañamiento no directiva, lo que significa que el coach nunca le dice al coachee qué hacer, ni lo juzga ni opina; en cambio, lo guía y ayuda a encontrar el mejor camino para alcanzar sus sueños, deseos y metas.

En general, el coaching se enfoca en el acompañamiento para lograr metas, enfrentar retos y realizar cambios, así como en desarrollar un plan de acción para alcanzarlos, de acuerdo con el contrato acordado entre las partes. Además, puede buscar el desarrollo de habilidades o competencias que el cliente requiera, aunque no necesariamente implica el entrenamiento en esas áreas.

Es importante destacar que el coach no es un experto en las áreas de conocimiento específicas de los objetivos de su cliente, sino que es un especialista en técnicas de acompañamiento con enfoques diversos.

**2.4 LOS MENTORES**: La mentoría, por otro lado, requiere de un especialista en el campo en el que va a ejercer como mentor para su cliente. Es decir, una persona que posee experiencia vivida que le permite guiar a su mentorado para que aprenda o encuentre las soluciones más adecuadas. A diferencia del coaching, la mentoría es un proceso guiado y acompañado en el que el mentor comparte sus propias experiencias en el área para aportar ideas y herramientas al cliente.

Como se menciona en la Guía ABC del Mentor, publicada por la Red Global de Mentores, "La mentoría es una disciplina que desarrolla el conocimiento explícito en el mentorado, a partir del conocimiento implícito del mentor" (p. 32).

Desde mi perspectiva, la mentoría puede abarcar los diferentes niveles de aprendizaje, pero su objetivo final siempre será que el mentorado desarrolle la sabiduría necesaria y suficiente para aplicar lo transmitido por el mentor. Aquí es donde la mentoría debe convertirse en un proceso consciente, ya que no se trata solo de aplicar literalmente conocimientos y experiencias, sino de una auténtica apropiación de lo pertinente y aplicable tanto para la situación vital del mentorado como para el ámbito en el que se aplica.

Julio Rodríguez Díaz, en su libro "Mentoring para Emprendedores", dice: "El mentoring es el acto de ayudar a otro a aprender, de manera que, en el mismo acto, el que enseña aprende y el que aprende induce a la reflexión al que enseña. Esto crea un ciclo virtuoso de aprendizaje".

Este acto de ayudar a otros a aprender no solo toca nuestra más íntima y elevada aspiración, que es el servicio hacia los demás, sino que también demuestra que al dar recibimos, y al enseñar aprendemos, porque tanto en el acompañamiento a otros como en la vida misma, siempre seremos eternos maestros y aprendices. Aquí radica ese círculo virtuoso del aprendizaje. Un círculo abierto en una espiral ascendente destinado a elevar nuestra consciencia y evolucionar.

**2.5 PSICOLOGOS Y TERAPEUTAS**: En el acompañamiento de personas, los psicólogos y los terapeutas desempeñan roles de gran relevancia.

Un psicólogo es un profesional universitario especializado en los procesos mentales y la conducta humana. En su práctica, está capacitado para evaluar y diagnosticar el funcionamiento mental, las competencias y las habilidades de una persona, ya sean cognitivas, emocionales, sociales o de aprendizaje, en diversos ámbitos como la educación, la organización, la familia o la sociedad. Además, su rol se centra en la implementación de estrategias de intervención para ayudar a sus pacientes o clientes a mejorar y superar diferentes situaciones emocionales, con el objetivo de promover un mayor bienestar integral.

Por otro lado, un terapeuta, que no necesariamente es un psicólogo, utiliza técnicas o herramientas específicas para abordar situaciones particulares en su campo de especialización y entrenamiento. Entre las diferentes especialidades de terapeutas se encuentran los terapeutas ocupacionales, del lenguaje, holísticos, de sonidos, y muchas más.

Asimismo, existe la denominación de psicoterapeuta para aquellos profesionales en psicología o psiquiatría que se dedican al tratamiento de problemas mentales y de la conducta, como la depresión, la ansiedad, la bipolaridad, entre otros.

Es importante tener en cuenta que el acompañamiento de personas conlleva una responsabilidad ética y personal para no exceder los límites de su campo específico y no invadir las competencias de otros profesionales y expertos. Esto también fomenta el trabajo interdisciplinario y la derivación, lo cual es una decisión sabia y prudente en beneficio del bienestar de aquellos a quienes acompañamos. Este enfoque colaborativo es esencial en las diversas disciplinas, profesiones y oficios dedicados a este propósito.

## 3. COMPETENCIAS DEL ACOMPAÑAMIENTO

El acompañamiento de personas requiere el desarrollo de competencias esenciales, independientemente del rol desde el cual se lleve a cabo. A continuación, mencionaremos aquellas que consideramos comunes a todos:

**a) Profundo conocimiento de la naturaleza humana:** Quienes acompañan a personas deben comprender las diferentes dimensiones del ser humano y las características que lo definen. Esto les permite basar su acompañamiento en elementos relevantes dentro de su campo de experiencia. En el modelo de mentoría consciente se abordan estos elementos en detalle.

**b) Alto nivel de consciencia de sí mismo y del otro:** Si el acompañante no ha explorado su propio camino hacia la consciencia, será difícil que pueda comprender los senderos que recorre la persona a la que acompaña desde esta dimensión. Es posible que pueda hacerlo desde el intelecto, pero es importante reconocer que ver desde la consciencia va más allá de una simple mirada cognitiva basada en ideas y esquemas mentales.

**c) Habilidades comunicacionales expandidas:** La comunicación desempeña un papel fundamental en las relaciones humanas, y en el acompañamiento de personas adquiere una mayor importancia debido a su impacto en el proceso. No se trata solo de transmitir información o utilizar la palabra con cuidado por su poder, sino de contar con habilidades comunicativas desarrolladas que incluyan la escucha consciente, la comprensión del lenguaje del silencio, el dominio de la psico-semiótica (interpretación de señales corporales) y la comprensión de la psicolingüística, entre otros aspectos.

**d) Desarrollo de sentimientos nobles o profundos:** Los sentimientos nobles van más allá del mundo emocional y se conectan con la espiritualidad. Estos estados internos, como la gratitud y la compasión, permiten una mirada neutra, comprensiva, empática, amorosa y sanadora hacia el otro. Al ver al otro como parte de uno mismo, se desea sinceramente lo mejor para esa persona.

**e) Metodología más allá de las herramientas:** Si bien las herramientas son útiles, no son aplicables en todas las situaciones ni de manera indiscriminada. Es más importante contar con una metodología que respalde el acompañamiento en sus diferentes fases y que organice las prácticas, herramientas y estrategias disponibles para el proceso. Cada acompañante de personas puede diseñar su propia metodología, basada en su experiencia y enfoques previos, adaptándola a las necesidades individuales y a las variaciones del tiempo de cada persona a la que acompaña.

En conclusión, el acompañamiento de personas es una tarea noble que trasciende el trabajo remunerado, la profesión o el rol en el que nos formamos. Es un propósito conectado con la misión de nuestra alma y los dones que poseemos, más allá de los conocimientos acumulados. Acompañar a otros se convierte en una poderosa forma de dejar huella en el universo, en línea con el modelo de mentoría consciente.

———

**Cuento: La historia del aprendiz de guitarra.**

Cierto día, un joven de unos 17 años, quiso aprender a tocar guitarra y lo comentó en su casa a la hora de la cena. Su papá, entusiasmado también como su hijo, buscó inmediatamente en la aplicación quien pudiese acompañar a su hijo en esa tarea. Lo contactó y lo contrató.

Al día siguiente llegó a la casa un joven de unos 25 años, recién graduado del conservatorio, le trajo un cuaderno previamente impreso con pentagramas y comenzó a explicarle todo lo concerniente a las notas musicales y cómo éstas se representaban en el pentagrama a través de unas figuras o símbolos que además indicaba la duración de cada sonido de cada nota.

A las dos horas terminó el encuentro y el joven aprendiz quedó de avisarle cuando podían tener la siguiente sesión. En la noche, al llegar el padre le pregunta. - Comenzaste hoy a hacer realidad tu sueño. A lo que el joven responde lentamente, luego de un prolongado silencio. - Mmmm. Sí y no. - No te entiendo hijo. - Verás. Si tuvimos un encuentro y me habló mucho sobre las notas musicales y las partituras y las claves y un montón de cosas. Pero ni siquiera trajo su guitarra. - Bueno, no te preocupes. Buscaremos otro.

Repitió la búsqueda en su dispositivo, agregando algunos criterios adicionales. Encontró varios y esta vez llamó a dos de ellos y luego decidió elegir a una chica que le había causado muy bien impresión

El encuentro tuvo lugar al día siguiente en horas de la tarde. Catalina, la chica, llegó con su guitarra al hombro. Le preguntó que sabía a cerca de las guitarras y le preguntó si tenía una, con el fin de verificar que tuviese como practicar. Al saber que aún no tenía una, le dio una serie de recomendaciones sobre cómo elegir una buena guitarra. Desde el peso, la calidad de la madera, la sonoridad de su caja de resonancia, el tipo de cuerdas y hasta los rangos de precio posibles. Igual que con la persona anterior, nuestro aprendiz, quedó de avisarle cuando se verían de nuevo.

En la noche el padre repitió la misma pregunta a su hijo. - Hijo, ¿Comenzaste hoy a hacer realidad tu sueño? Y el chico, respondió casi igual... Si y no. - ¿Y qué pasó entonces esta vez? El joven relató a su padre lo sucedido y termino diciendo - Es que no se si así yo vaya a lograr cumplir mi sueño.

El padre, deseoso de acertar mejor esta vez, decidió navegar en internet y buscar de nuevo, indagando más, agregando otros criterios a su búsqueda hasta encontrar lo que pensaba podía ser lo que su hijo necesitaba. Escribió un correo solicitando información el cual le respondieron en la mañana concertando una cita para dentro de dos días la cuál no sería en la casa sino en la sede que ellos tenían para el efecto.

Al llegar allí, Andrés como se llama nuestro aprendiz, vio a otros chicos mayores y menores ingresando al lugar. Algunos llevaban instrumentos como flautas, violines y también guitarras. Al llegar al sitio de su nueva experiencia, encontró a una señora joven en un pequeño salón con mesas llenas de diferentes instrumentos donde los demás chicos exploraban y jugaban con los sonidos.

Ella muy amablemente le dedicó un buen tiempo a conversar con él y lo llevó a la mesa de las guitarras. Le entregó una y le pidió que la explorara, la escuchara, la sintiera y buscara todas las maneras posibles de hacerla sonar. Además, le pidió que viera un video y tratara de hacer lo que allí mostraban. Lo dejó en su sitio ya pasó a ver lo que hacían otros chicos.

Cuando llegó su padre a recogerlo, le relató un poco lo que había visto y le pidió que antes de irse, lo llevara a una pequeña conversación con el señor Gustavo, quien le haría una valoración de su potencial para la música.

Así fue. Gustavo, le realizó algunas pruebas de aptitud musical, le indagó si en la familia sus padres, hermanos y demás familiares eran cercanos a la música y le preguntó cómo se estaba sintiendo en ese proceso de aprender a tocar la guitarra y si había hecho buena empatía con la señora Susana con quien acababa de tener su encuentro. Camino a su casa, el papá repitió la pregunta y Andrés varió ligeramente la respuesta agregando que se sentía más a gusto pero que no estaba seguro si esto realmente era para él. Su padre le dijo que en la siguiente cita hablarían con el señor Gustavo y le expondrían la situación.

Al día siguiente, Gustavo decidió tener una conversación diferente con Andrés. Le hizo muchas preguntas acerca del objetivo que tenía al aprender a tocar la guitarra, cómo se veía en unos 5 años, si terminando su bachillerato seguiría la carrera de músico y le propuso una serie de lecturas a fin de ayudarle a encontrar si la música era para él, como una profesión. Luego de escuchar las respuestas de Andrés y al llegar el padre, les dijo que para la próxima visita les tenía una sorpresa: Un encuentro con el fundador de la orquesta de la ciudad quien además había creado esa institución. Ambos lo escucharon atentamente.

Andrés, ya sabía la pregunta que le haría su papá así que esta vez se adelantó y le dijo con cierta tristeza. - Papá, creo que precisamente lo mío es solo un sueño yo creo que mejor... - Espera, interrumpió el papá. Ven mañana a este encuentro, que sea el último... nada tienes que perder... - Está bien. Don Luis, como se llamaba el director de la orquesta, era un apasionado por la música que siempre decía, en todos los lugares donde hablaba, que todos podemos tener algún contacto con la música. Lo esencial es encontrar cuál es el de cada uno. Ese era uno de sus mayores talentos. Ayudar a cada persona a encontrar su lugar en ella.

Cuando Andrés llegó, pidió que le contara para qué había ido a esa cita y si tenía alguna expectativa en particular. También le preguntó que había aprendido de las experiencias que llevaba y de quienes lo habían acompañado. Luego de escuchar sus respuestas lo invitó a que lo acompañara a su oficina. Quería mostrarle algo. Este espacio, había sido hace muchos su casa de pequeño y joven.

Al regresar a su ciudad natal, luego de estudiar muchos años y trabajar en la capital, decidió comprar la casa que sus padres habían vendido, y reformarla para convertirla en lo que él llamaba su templo. Allí en el segundo unida ya con otras dos, formando el gran salón. Lo llevó a una ventana y le contó que casi de su edad, se pasaba tardes enteras mirando el cielo y los atardeceres. - Siempre imaginé como sería la música de ese movimiento de las nubes y cómo sonaría el sol cuando terminaba el día - Alguna vez lo descubrió, preguntó Andrés - Casi como de tu edad, y luego de estar una tarde de verano mirando el firmamento, cerré los ojos y me imaginé que de mi garganta salían los sonidos de las nubes, siendo acariciadas por el sol...

Mientras Don Luis continuaba con su relato, Andrés, maravillado por lo que escuchaba sentía unas enormes ganas de hacer lo mismo a ver qué pasaba. Al tiempo, sentía un poco de temor que no pasara nada o que, su recién conocido interlocutor, hiciese algún gesto de desaprobación como ya le había pasado. - ¿Te gustaría intentarlo? - murmuró suavemente, observando el éxtasis del chico mirando por la ventana - Ehhh. creo que sí, pero no sé cómo hacerlo. - No lo pienses, sólo hazlo, quizás te sirva lo que te acabo de contar. Prueba con las vocales

Decidido a probar, cerró los ojos y comenzó a dejar salir unos sonidos que fueron pasando por las cinco opciones, variando la intensidad, el tono, hasta convertirse casi en una melodía. Mientras él tenía los ojos cerrados y seguía, Don Luis tomo su guitarra y muy suavemente comenzó a acompañar esos sonidos con algunos acordes, dándoles cierto ritmo y haciendo sonar las cuerdas en un punteo que se sincronizaba con los sonidos que aún dejaba salir Andrés.

Al escuchar la guitarra abrió sus ojos, muy sorprendido... - Sigue, sigue, no pares... Yo solo te sigo con la guitarra Dejando salir la emoción que estaba sintiendo, prosiguió por uno o dos minutos más hasta que las lágrimas que rodaron por sus mejillas lo trajeron al momento y abrió sus ojos. Don Luis aplaudió, también emocionado. - ¿Sabes? Cuando Yo hice lo que tú, guardé en mi ser esa melodía y nunca la olvidé.

La repetía frecuentemente para recordarla con exactitud. Muchos años después se convirtió en una composición para mi trabajo de grado en la universidad, estudiando dirección de orquesta. Bienvenido a la música en tu vida.

## FIN

---

- ¿Identificas los diferentes roles en el acompañamiento de personas?
- ¿Qué más reconoces?
- ¿Cuál sería tu historia?
- ¿Cómo la reescribirías tu?

# 4. METODOLOGÍAS PARA EL ACOMPAÑAMIENTO

Existen múltiples métodos y herramientas para el acompañamiento de las personas, dependiendo del rol que se esté ejerciendo. Cada uno de ellos tiene su propio conjunto de herramientas específicas, inherentes a la disciplina que lo respalda, y, por lo tanto, son apropiadas dentro de ese ámbito.

Sin embargo, se han extendido prácticas que se comparten entre los diferentes roles del acompañamiento y se consideran útiles, especialmente en procesos de mentoría.

A continuación, mencionaré algunas prácticas que a menudo se clasifican como "racionales" o "duraderas". Sin embargo, antes de abordarlas, me gustaría empezar con aquellas que a veces se denominan erróneamente como "blandas". En mi opinión, prefiero llamarlas "competencias sensibles", ya que esto refleja y honra uno de los principios esenciales de la naturaleza humana.

## 4.1 COMPETENCIAS SENSIBLES:

**LA ESCUCHA CONSCIENTE**: Se habla mucho sobre la importancia de la escucha en el ámbito de la comunicación, y se le atribuyen cualidades como empática, activa, reflexiva, selectiva, entre otras.

En el caso de este modelo de mentoría, hemos incorporado las características fundamentales del proceso de escucha y hemos añadido elementos de la práctica del mindfulness, en particular del modelo Mindful Living que hemos desarrollado. De esta manera, hemos creado una propuesta holística de escucha que es de vital importancia en los procesos de acompañamiento de personas sin importar su rol o disciplina.

Los siguientes son los componentes del modelo que llamamos también pasos, ya que podemos ir aprendiéndolos de uno en uno. En cada paso, enunciamos los dos o tres aspectos que son la esencia de este.

Luego de practicar todos los pasos, de forma correcta, habremos incorporado la competencia de la escucha consciente.

**Paso 1. Escuchar sin Interrumpir:** En esta fase el foco se centra en no interrumpir al otro, practicando estos pasos

1. Permito la expresión completa del otro, hasta que termine.
2. Aquieto mi "ansiedad" por hablar, respirando lento.
3. Pongo en reposo mi necesidad de ser escuchado.
4. Estoy ahí, con todos mis sentidos.

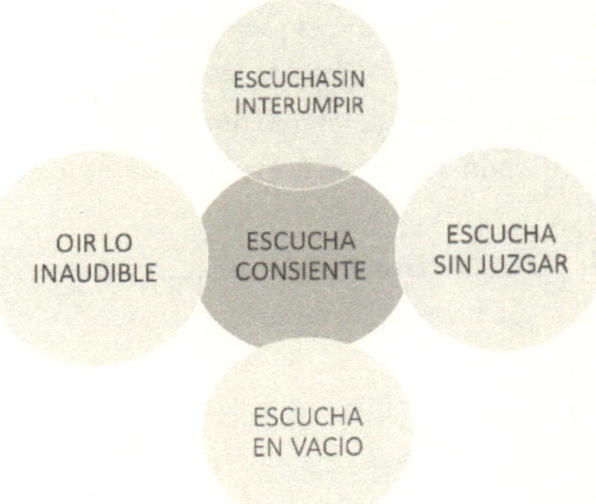


*Modelo de escucha consciente Mindful Living por*
*Rafael Hernández*

**Paso 2. Escuchar sin juzgar**: Es frecuente que nuestra mente, apenas escucha algo con lo que no coincide, active el mecanismo del juico. En esta fase se recomienda.

1. Si aparece un juicio en mi mente, lo observo y lo dejo seguir.
2. Si continúan apareciendo, detengo voluntariamente el juicio y vuelvo a la escucha.
3. Respiro en presencia.
4. Aplico una mirada neutra sobre lo que el otro dice

**Paso 3. Escucho en vacío**: En esta fase, me centro en vaciarme de todo lo que llega a mi mente.

1. Detengo el parloteo o dialogo interno.

2. Suelto todo lo que me saque de estar ahí, incluyendo distractores a la mano.

3. Sostengo y apoyo del momento del otro: permitiendo que exprese también sus emociones.

**Paso 4. Oír lo inaudible**: Aquí el enfoque está en escuchar lo que no se dice con las palabras.

1. Observo con detalle todas las expresiones del otro

2. Percibo sus cambios de tono de voz, inflexiones, quiebres

3. Identifico sus evitaciones

4. Estoy empática y compasivamente en el momento presente

Un entrenamiento concienzudo, siguiendo estos pasos, nos habilita para una escucha realmente diferente, gracias a la cual, se suscitarán conversaciones con un hilo atencional ampliado.

**LA ESCRITURA ESPONTÁNEA**: Esta técnica es sumamente poderosa, ya que ayuda al mentorado a liberarse y-o desbloquearse frente a la expresión de ideas, emociones, problemas, entre otros. De hecho, se trata de un ejercicio de liberación creativa que permite expresarse libremente y explorar ideas sin restricciones ni condicionamientos.

La escritura espontánea, también conocida como escritura libre o escritura automática, es un proceso en el que se escribe sin limitaciones ni autocensura. Consiste en dejar que los pensamientos y las palabras fluyan en el papel sin preocuparse por la estructura gramatical, la coherencia o la calidad de la escritura.

En la escritura espontánea, no se busca la perfección ni se hace ningún tipo de corrección mientras se escribe. El objetivo principal es liberar la mente y permitir que las ideas, emociones y pensamientos se expresen sin filtros. Es una forma de conectarse con la creatividad, explorar la propia mente subconsciente y acceder a aspectos más profundos de la conciencia.

Esta técnica se utiliza como una herramienta terapéutica, de autoexploración o de desarrollo personal. Al escribir sin restricciones, se pueden descubrir nuevas ideas, desbloquear emociones, enfrentar problemas y acceder a una mayor claridad mental. La escritura espontánea puede ser realizada de forma individual o guiada por un mentor o terapeuta.

Es importante destacar que la escritura espontánea no se enfoca en la calidad literaria, sino en la expresión auténtica del individuo. No hay reglas fijas, cada persona puede adaptarla según sus necesidades y preferencias.

Para aplicar la escritura espontánea, simplemente sigue estos pasos:

- Encuentra un lugar tranquilo y sin distracciones donde te sientas cómodo para escribir.
- Toma papel y lápiz, o utiliza un dispositivo electrónico en caso de no tener papel y lápiz a mano.

- Establece un límite de tiempo para la actividad (por ejemplo, 10 o 15 minutos) y dedícate exclusivamente a escribir sin interrupciones.
- Comienza a escribir sin preocuparte por la calidad, la gramática o la estructura. Deja que las ideas y las palabras fluyan libremente, expresando todo lo que venga a tu mente sin juzgar.

Es importante no detenerte ni releer lo que has escrito hasta que haya pasado el tiempo establecido. Una vez que hayas terminado, si lo deseas, puedes revisar el contenido y reflexionar sobre las ideas o emociones que has expresado.

## 4.2 HERRAMIENTAS DURAS

**MODELO GROW**: El modelo GROW es una estrategia de entrenamiento que utiliza preguntas abiertas y escucha activa para analizar diferentes situaciones y diseñar planes de acción con el fin de alcanzar metas establecidas.

Las siglas GROW representan lo siguiente:

- Goals (Metas): ¿Cuáles son los objetivos o metas que se desean alcanzar?
- Reality (Realidad): ¿Cuál es la situación actual y qué obstáculos se presentan?
- Options (Opciones): ¿Qué alternativas o posibilidades existen para superar los obstáculos?

- Will (Voluntad y compromiso): ¿Qué acciones concretas se tomarán y cómo se llevarán a cabo?

Este modelo fue desarrollado por John Whitmore, autor del libro "Coaching for Performance", y Graham Alexander en la década de 1980.

El modelo GROW se aplica en procesos de coaching, especialmente en ventas, formación de líderes y otros contextos, con el objetivo de conectar los problemas u obstáculos que enfrenta el individuo con las metas establecidas. Esto asegura que las acciones emprendidas estén alineadas con los objetivos y requisitos de la empresa o programa en cuestión.

En la aplicación tradicional del modelo GROW, el facilitador actúa como guía sin proporcionar consejos o instrucciones específicas que puedan interferir en el desarrollo y entrenamiento del participante.

Una de las funciones más importantes del modelo GROW es capacitar a las personas para que actúen como acompañantes en lugar de meros proveedores de información.

**MODELO OUTCOMES**: El Modelo OUTCOMES es una herramienta altamente práctica y útil que se emplea en el liderazgo para el desarrollo de las personas. Esta herramienta se centra en mejorar tanto el crecimiento como la autonomía de los colaboradores. Por un lado, se puede utilizar para que el propio colaborador diseñe su plan de acción y alcance sus objetivos o metas.

El Modelo OUTCOMES se basa principalmente en la reflexión a través de la exploración de la realidad, la cual se realiza mediante preguntas. Además, cuenta con una estructura muy específica que facilita su implementación.

**ESTRUCTURA DEL MODELO OUTCOMES:**
OUTCOMES es en realidad un acrónimo, donde cada letra representa una fase particular de la herramienta. Estas fases son las siguientes:

**O:** Objetivos

**U:** Understand the reasons (Comprender las razones)

**T:** Take stock of the present situation (Evaluar la situación actual)

**C:** Clarify the gap (Aclarar la brecha entre el estado actual y el deseado)

**O:** Options (Generar opciones)

**M:** Motivate to action (Motivar a la acción, diseñar un plan de acción)

**E:** Enthusiasm (Entusiasmo y determinación)

**S:** Support (Apoyo)

El Modelo OUTCOMES brinda un enfoque completo para apoyar el desarrollo de las personas y fomentar su crecimiento. Al seguir cada una de estas fases, se crea un proceso estructurado que permite alcanzar resultados positivos y generar un entorno de apoyo y motivación.

**EL METODO CRA**: El método CRA es un acrónimo que representa Consciencia, Responsabilidad y Acción. Este modelo, diseñado por José Manuel Benavent, se considera fundamental en la práctica del coaching y consta de tres fases claramente diferenciadas. Este método se aplica principalmente en el coaching.

En la primera fase, la Consciencia, se establece un proceso de acompañamiento donde es crucial determinar los elementos que faltan y los recursos con los que se cuenta. Es decir, se define el punto de partida y los objetivos a realizar. Esta fase eleva el potencial de consciencia del acompañado e implica una expansión de su perspectiva o punto de vista.

En la segunda fase, la Responsabilidad, una vez que el acompañado ha tomado consciencia, procede junto con su coach a explorar los ámbitos, elementos y aspectos que puedan interponerse en su camino hacia el éxito, asumiendo total responsabilidad de las acciones que debe emprender.

En la tercera fase, la Acción, el acompañado se sumerge en el camino de la exploración y el logro de los objetivos previamente planteados, recibiendo retroalimentación constante tanto de sus resultados como del propio coach.

El método CRA proporciona un marco efectivo para el desarrollo personal y profesional a través del coaching. Al seguir estas tres fases de manera secuencial, se fomenta el crecimiento y se impulsan los cambios necesarios para alcanzar los objetivos planteados.

**METODO ACHIEVE**: Desarrollado por el Dr. Sabine Dembkowski y la Dra. Fiona Eldridge entre los años 2001 y 2003, se basa en las prácticas de los mejores coaches de Inglaterra y Estados Unidos. Los elementos clave de este modelo son: establecimiento de confianza, creatividad, confrontación de resultados y uso de la intuición.

Una de las principales desventajas de este modelo es su aplicación por parte de personas que se están iniciando en el proceso de coaching, ya que requiere de perspicacia e intuición que a menudo se adquieren con la experiencia.

El modelo ACHIEVE consta de siete etapas:

**A = Asses the current situation** (evaluar la situación actual): Identificar las premisas relacionadas con el punto de partida.

**C = Creative brainstorming** (lluvia de ideas creativa): Generar sugerencias y posibilidades para salir de la situación actual.

**H = Hone goals** (definir metas): Establecer metas objetivas, honestas y alcanzables.

**I = Initiate options** (iniciar opciones): Utilizar el pensamiento creativo para desarrollar estrategias y posibilidades de acción.

**E = Evaluate options** (evaluar opciones): Aplicar

métodos analíticos para evaluar y precisar las mejores opciones para el coachee.

**V = Validate action program design** (validar el diseño del programa de acción): Confirmar el diseño del plan de acción junto con el coachee.

**E = Encourage momentum** (estimular el impulso): Utilizar el aspecto emocional del coachee y la intuición del coach para conectar con los momentos de motivación y mantener el impulso.

El método ACHIEVE proporciona un marco estructurado para el proceso de coaching, guiando al coach y al coachee a través de estas etapas clave para lograr resultados efectivos. Sin embargo, se recomienda que los principiantes en coaching busquen apoyo adicional y experiencia para aplicar este modelo de manera más efectiva.

**METODO IDCOR**: El Método IDCOR o de las Cinco Fases es una metodología creada por Thomas Leonard, fundador de CoachVille, uno de los centros de coaching más importantes.

*1ª Fase informativa*: En esta fase se recopilan datos sobre el coachee y sus objetivos en el programa o sesión de coaching. Se exploran preguntas como: ¿De qué quieres hablar? ¿Cuál es la importancia de este tema para ti?

*2ª Fase de definición*: En esta etapa se abordan los temas de manera específica. Se indaga en detalles sobre lo que el coachee espera obtener de la conversación. Se formulan preguntas como: Dime más detalles sobre el asunto. ¿Qué esperas de mí?

*3ª Fase de consciencia*: En esta fase se profundiza en los aspectos que separan al individuo de sus metas. Se exploran las diferencias entre el resultado deseado y la situación actual. Se plantean preguntas como: ¿Qué diferencias hay entre el resultado deseado y tu situación actual? ¿Qué más? ¿Qué es lo que ya va bien?

*4ª Fase operativa*: En esta etapa se busca generar opciones y establecer la forma de lograr el éxito. Se exploran posibilidades y se plantean preguntas como: ¿Qué puedes hacer? ¿Qué harías si no hubiera límites? ¿Qué más?

*5ª Fase de reafirmación y apoyo*: En esta fase se establece de manera específica lo que se va a hacer, incluyendo los sistemas de motivación y soporte necesarios. Se plantean preguntas como: ¿Qué has obtenido de esta conversación? ¿Qué vas a hacer con esta información? ¿Qué más? ¿Para cuándo?

El Método IDCOR proporciona una estructura clara y secuencial para el proceso de coaching, guiando al coach y al coachee a través de estas cinco fases clave. Esta metodología busca ayudar al coachee a obtener una mayor claridad, definir acciones concretas y establecer sistemas de apoyo para lograr sus metas.

**MODELO DIDÁCTICO OPERATIVO**: El Modelo Didáctico Operativo, creado por Félix Bustos Cobos y basado en el constructivismo Piagetiano, es uno de los modelos de aprendizaje humano, pero no es el único ni se puede afirmar que es la solución definitiva. Existen alrededor de cien modelos pedagógicos, algunos basados en la Psicología Conductista y otros en el Estructuralismo o el Constructivismo, como es el caso del Modelo Didáctico Operativo.

El Modelo Didáctico Operativo se compone de varias etapas que se describen a continuación:

Experiencias vivenciales: El aprendizaje humano se basa en asimilar y comprender objetos y eventos a través de la acción. Inicialmente, la asimilación y comprensión mediante la acción son previas a la asimilación o comprensión a través de la representación o el pensamiento. Luego, este proceso se invierte y los conceptos preceden a las acciones.

Conceptualizaciones: Las conceptualizaciones son reflexiones colectivas sobre las experiencias vivenciales previas. Se busca crear un espacio para tomar conciencia de los marcos conceptuales que integran las experiencias técnicas, científicas y culturales. La reflexión y conceptualización son procesos sociales, no individuales.

Documentación: En esta etapa, se confronta a los estudiantes con explicaciones, teorías y modelos ya elaborados en la ciencia, el arte, la tecnología o el conocimiento universal. La confrontación se hace en relación con las experiencias y reflexiones previas. Se utilizan ayudas didácticas como videos, lecturas, conferencias, carteleras y láminas.

Ampliación: Durante esta etapa, se profundiza en la documentación proporcionada al alumno. Se explora la evolución histórica de las explicaciones sobre el contenido o tema de enseñanza, la integración con otros temas curriculares y la presentación de enfoques actuales diferentes a los utilizados previamente.

Implementación o aplicación: En esta etapa, el alumno utiliza los conocimientos adquiridos para desarrollar ejercicios o proyectos de aplicación. Esta etapa también tiene un componente evaluativo del modelo y del proceso de aprendizaje en sí.

El Modelo Didáctico Operativo busca promover un proceso de enseñanza-aprendizaje comprometido con la producción, utilizando diversas etapas que involucran vivencias, reflexiones, documentación, ampliación e implementación.

**EL DIALOGO ESTRATÉGICO**: Helena Alvarado, psicóloga especialista en terapia breve estratégica, describe el diálogo estratégico de la siguiente manera:

*"El diálogo estratégico se considera un instrumento de intervención en procesos de ayuda que se caracteriza por su enfoque hacia el cambio y que implica necesariamente tres niveles de comunicación: el lenguaje utilizado, la relación establecida y la lógica de la intervención".*

El rol de quien aplica este modelo se centra en "cómo funciona" y especialmente en "qué hacer" para resolver el problema, en lugar de enfocarse en el "por qué" existe el problema. Guía a la persona no solo a cambiar sus comportamientos, sino también su percepción. El diálogo entre el acompañante y el acompañado es fundamental, donde el primero guía al segundo a descubrir cómo resolver sus problemas.

Estructura del diálogo estratégico: El diálogo estratégico se compone de cinco fases claramente diferenciadas:

Preguntas con ilusión de alternativa: En esta primera fase, se plantean preguntas que presentan alternativas de respuesta, pares de reacciones opuestas al problema. Por ejemplo: "¿Le deja que su hijo adolescente afronte sus dificultades solo o con su ayuda?". Estas alternativas se refieren a las posibles percepciones y formas de combatir el problema de la persona, ofreciendo una nueva perspectiva o enfoque de la realidad.

Paráfrasis Re estructurantes: En esta fase, se utilizan las respuestas proporcionadas para formular una definición del problema que verifique la comprensión correcta. Por ejemplo: "Corríjame si me equivoco, pero según lo que ha afirmado, parece que siempre ayuda a su hijo adolescente cuando tiene dificultades, ¿es así o no?". Aquí, el especialista busca la colaboración del interlocutor para verificar sus formulaciones respecto al problema, creando un clima de relación colaborativo.

Evocar sensaciones: El diálogo estratégico busca inducir cambios en el interlocutor a través de lo que se le hace sentir. El uso del lenguaje evocativo es esencial en esta fase. Por ejemplo, se puede utilizar una metáfora como "Usted es como una tabla en medio del mar, donde su hijo se sujeta sin haberle enseñado a nadar". Esta formulación es capaz de evocar sensaciones intensas que, utilizadas estratégicamente, pueden ser correctivas.

Resumir para redefinir: Se ha demostrado que una serie de acuerdos mínimos en secuencia conducen a un gran acuerdo final. En esta fase, se busca que el padre vaya desprotegiendo gradualmente a su hijo adolescente para fortalecerlo y aumentar su seguridad, de modo que pueda enfrentar de manera independiente y exitosa las dificultades. Como mencionaba John Weakland, uno de los precursores de la terapia estratégica, "cada cosa lleva a otra que a su vez conduce a otra... Si te concentras en hacer la más pequeña, luego la siguiente, y así sucesivamente, encontrarás que logras hacer las grandes cosas, habiendo hecho solo las pequeñas".

Prescribir como descubrimiento conjunto: Esta fase representa un punto fundamental, ya que implica transformar todo lo descubierto, acordado y redefinido en el diálogo en tareas concretas a realizar entre sesiones. Es el momento en que se indican las prescripciones para lograr el cambio efectivo y eficiente hacia la solución.

En resumen, el diálogo estratégico se basa en la formulación de preguntas, con el objetivo de guiar al interlocutor hacia el cambio, utilizando diferentes técnicas como las preguntas con ilusión de alternativa, las paráfrasis Re estructurantes, la evocación de sensaciones, el resumen para redefinir y la prescripción como descubrimiento conjunto.

**LAS PREGUNTAS PODEROSAS**: Quizás una de las metodologías, transversal a todos los métodos y roles en el acompañamiento de personas sea el arte de formular preguntas poderosas.

Los beneficios de una buena pregunta son inmensurables en cualquier etapa de un programa de acompañamiento de personas. En esencia, una pregunta poderosa rompe el estado de homeostasis del cerebro del individuo al que se le formula, llevándolo a un proceso de asimilación y acomodación de sus estructuras, según la psicología piagetiana, para recuperar el equilibrio perdido debido a la pregunta. En este proceso, se encuentra la posibilidad de encontrar una respuesta o, al menos, iniciar la búsqueda.

Sócrates, considerado el padre de las preguntas, desarrolló la mayéutica, que guarda similitudes con el modelo del diálogo estratégico.

Marilee Adams, experta en este arte, enumera en su libro "The Art of Question" las características de una pregunta poderosa:

1. Genera inmediata curiosidad.
2. Estimula la reflexión y el pensamiento.
3. Sacan a la superficie creencias y supuestos.
4. Abre la creatividad a nuevas posibilidades.
5. Genera energía para la acción.
6. Enfoca y canaliza la atención.
7. Aborda dimensiones y significados profundos.
8. Empodera y responsabiliza.
9. Abre espacio para nuevas preguntas.

Existen muchos otros modelos y técnicas utilizados en el acompañamiento de personas, dependiendo de la orientación del proceso. Lo fundamental para un mentor consciente es contar con una buena "caja de herramientas" que le permita disponer de recursos para un acompañamiento exitoso de sus mentorados.

## 5. LA ÉTICA DEL ACOMPAÑAMIENTO

Cada profesional tiene un código ético propio de su disciplina que busca orientar el comportamiento de la persona en el ejercicio de su profesión. Sin embargo, nos hemos propuesto mencionar los aspectos éticos generales y comunes a todos los profesionales en el acompañamiento de personas. Estos elementos éticos son fundamentales para asegurar una práctica responsable y efectiva en el ámbito del acompañamiento. A continuación, destacamos algunos de ellos:

1. Tan importante como los temas anteriores, se encuentra lo que podemos denominar la ética del acompañamiento de personas. Si bien cada profesión y oficio tiene su propio código ético, me gustaría mencionar algunos elementos que considero comunes a todos los roles en el acompañamiento de personas y que es importante recordar y tener presente.

2. Responsabilidad: Existe una responsabilidad tanto hacia la persona acompañada como hacia el proceso en sí. Esta responsabilidad está asociada al grado de conciencia que se tiene y al

conocimiento implícito sobre la naturaleza de la tarea.

3. Competencia: Tan importante como la responsabilidad, está el grado de competencia que debe tener quien ejerce el oficio para desempeñar su rol con profesionalismo y llevar el proceso a buen puerto, siempre cuidando del bienestar de quien se pone en sus manos.

4. Legalidad: Este aspecto no solo se refiere a la normatividad propia del rol, sino también a las repercusiones perjudiciales que puedan surgir de un comportamiento inadecuado, tanto para la persona acompañada como para la reputación del oficio en general y las buenas prácticas.

5. Veracidad: Este aspecto se refiere al principio de verdad que debe regir en el acompañamiento en todos los momentos y fases. La veracidad debe prevalecer en todos los actos del acompañamiento, comenzando por la honestidad sobre las calificaciones y competencias necesarias para ejercer profesionalmente.

6. Reserva: Este aspecto va más allá de la confidencialidad y el tratamiento de datos que establece la ley. También se refiere al carácter "sagrado" del vínculo entre el acompañante y el acompañado, expresado coloquialmente con la frase "Lo que se dice y se hace aquí, se queda aquí".

7. Bienestar del cliente: Es primordial tener siempre presente que el cuidado del bienestar de quien busca el acompañamiento es lo más importante. Nada justifica acciones que rompan o atenten

contra ese estado de bienestar, ni en el proceso ni en los métodos utilizados.

8. Relación con el cliente: Una relación de acompañamiento es siempre una relación de ayuda. Por lo tanto, se debe evitar cualquier acto que coloque al acompañante por encima del acompañado debido a una supuesta autoridad inherente al rol.

9. Acuerdos: Toda relación de acompañamiento debe establecerse con base en acuerdos que rijan el servicio mismo, la relación, el pago y, en general, todo el proceso de acompañamiento. Además, se deben establecer mecanismos para resolver cualquier conflicto que pueda surgir.

Estos elementos éticos son fundamentales para guiar y asegurar un acompañamiento efectivo y responsable de las personas en su camino hacia el crecimiento y el desarrollo personal.

# SEIS

# EL MODELO DE MENTORA CONSCIENTE.

---

"La Mentoria Consciente Permite Objetivar La Experiencia Que Se Quiere Transferir"

## RAFAEL HERNÁNDEZ M.

---

## 1. ¿CÓMO NACIÓ?

La mentoría, como disciplina del acompañamiento de personas, se enriquece enormemente con modelos y herramientas para la acción. Estos modelos permiten al mentor ejercer su práctica profesional de manera estructurada, brindando secuencias lógicas que, desde una perspectiva consciente, ayudan a potenciar la transferencia de experiencias que el mentor desea compartir con sus mentorados.

Al buscar y leer material sobre mentoría, me di cuenta de que se ha prestado poca atención a la modelización en este campo. En general, lo existente describe más el proceso mismo de la mentoría, las competencias del mentor, sus tareas, entre otros aspectos. Esta curiosidad intelectual fue el punto de partida para la idea de este libro, pero con el tiempo se transformó en algo más existencial y con un propósito más profundo.

Más allá de hacer una contribución al mundo formal y académico de la mentoría, surgió en mí el deseo de invitar a los mentores a recorrer un camino donde, al prepararse para ejercer el rol o simplemente al estudiar el modelo como una posibilidad más, puedan tener un encuentro interior profundo, sublime y poderoso. Este encuentro les permitiría descubrir en sus propias experiencias aquellos elementos diferenciadores que los hacen únicos, para así brindar a sus mentorados elementos de alto valor para sus propios caminos.

Un viejo amigo solía decir que un modelo no es más que una concepción algo arbitraria de una forma de ver algo. Puede que sea cierto. Cada uno de nosotros modela según nuestro propio marco de referencia, que incluye tanto los conocimientos adquiridos como las experiencias vividas. Por lo tanto, ningún modelo es perfecto. Todos admiten cambios, ajustes, interpretaciones y múltiples versiones, tantas como observadores haya.

Así que la invitación es a probarlo y enriquecerlo con ese toque de sabiduría que cada uno puede aportar cuando se trata de sumar y embellecer. Ojalá que sea perfeccionado por muchos y evolucione, sirviendo a muchos en su búsqueda por conocerse mejor y prepararse para el hermoso oficio de ser mentores y acompañantes de personas.

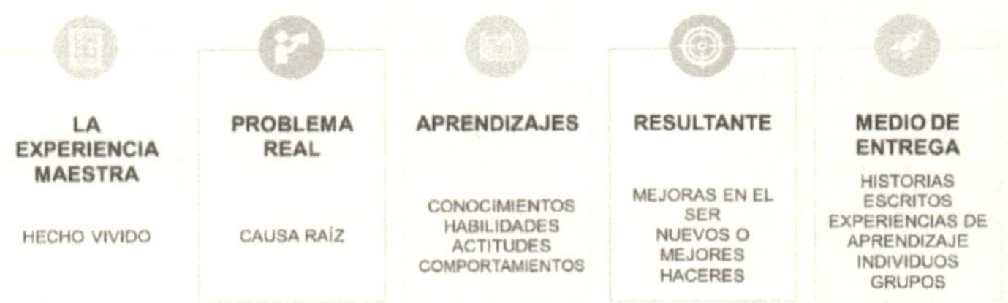


*Modelo de mentoría consciente de Rafael Hernández M.*

# 2. LOS COMPONENTES DEL MODELO

En esta primera versión, el modelo consta de cinco componentes que permiten al mentor hacer conscientes las experiencias que conforman su repertorio de mentoría y encontrar la mejor forma de transmitir el valor de sus aprendizajes a sus mentorados.

### LA EXPERIENCIA MAESTRA

Como mencionamos anteriormente en el capítulo sobre la experiencia, esta tiene el poder de llevarnos a niveles de sabiduría únicos a los que el conocimiento convencional jamás llegaría.

En nuestras vidas, hemos tenido muchas experiencias, pero sin duda alguna, hay una o varias que son esenciales. Estas experiencias se han convertido en historias o situaciones de gran impacto en nuestras vidas. Anteriormente, nos referimos a ellas como experiencias cumbre o situaciones de aprendizaje significativo debido al impacto que tuvieron.

Es muy probable que estas experiencias hayan sido generadoras de cambios que marcaron un antes y un después en nuestra vida.

La tarea inicial al aplicar el modelo es encontrar en la vida de cada individuo esa experiencia maestra.

Para lograr esto, es importante embarcarse en un pequeño viaje interior de carácter meditativo. Debemos buscar en nuestro interior, aunque ya tengamos una idea en mente, para indagar en lo más profundo de nuestro ser y preguntarnos si esa es la experiencia sobre la cual deseamos mentorizar a otros.

## CÓMO HACERLA CONSCIENTE

Una poderosa técnica para encontrar la experiencia maestra de vida se llama la recapitulación, basada en la versión del antropólogo Carlos Castaneda. Según él, consiste en revisar nuestras experiencias pasadas. La recapitulación tiene múltiples beneficios, como dejar de repetir patrones de comportamiento que nos restan energía, sanar problemas no resueltos y lograr una percepción más fluida, lo que podríamos denominar una consciencia expandida.

Para llevar a cabo la validación de la experiencia maestra, si ya la tenemos definida cognitivamente, podemos seguir los siguientes pasos:

1. Haz una lista de las experiencias que consideras maestras o de aprendizaje significativo. Puedes comenzar desde el momento presente hacia atrás, hasta el recuerdo más antiguo que tengas.

2. Elige si deseas recapitular todas las experiencias de la lista o solo las 3 o 5 más importantes. Mi recomendación sería seleccionar solo tres.

3. Dedica un día para recapitular una experiencia. Elige un momento del día en el que tengas suficiente tiempo disponible y asegúrate de no ser interrumpido.

4. La recapitulación se puede realizar preferiblemente acostado, aunque también puedes intentarlo sentado en una silla con la espalda recta y sin cruzar las manos ni los pies. Busca un lugar tranquilo, con poca luz y sin mucho ruido. Ten a mano una libreta para tomar notas o, si lo prefieres, utiliza la grabadora de sonidos de tu teléfono móvil en modo avión, y, si es posible, unos auriculares inalámbricos.

5. Adopta la postura elegida y practica una respiración profunda y tranquila mientras relajas todo tu cuerpo hasta que te sientas cómodo para comenzar la recapitulación. Mantén los ojos cerrados.

6. Imagina que estás en una sala de cine y que va a comenzar la película titulada con la experiencia maestra que elegiste. Recuerda lentamente, paso a paso, los eventos que llevaron a esa experiencia, desde aproximadamente 6 meses antes de su ocurrencia hasta al menos 6 meses o 1 año

después. Visualiza las escenas con todo lujo de detalles: lugares, personas, eventos, emociones, diálogos. Respira mientras observas cada escena y exhala cualquier emoción que surja. Si utilizas los auriculares, puedes ir grabando tus reflexiones y observaciones siguiendo el modelo que se presenta. Por supuesto, te recomendamos leer todo el modelo primero para saber en qué enfocar tu atención durante la recapitulación. Si no utilizaste dispositivos de grabación, anota todo lo que recuerdes al terminar.

7. Al finalizar, tómate un tiempo para descansar y procesar la información.

8. Si lo deseas, puedes crear tu propia guía para realizar la recapitulación.

9. Si elegiste varias experiencias, recuerda recapitular cada una durante un día. Al finalizar los tres días, elige aquella experiencia que te haya brindado una mayor sensación de valor y transformación en tu vida. Sobre ella podrás seguir aplicando todo el modelo y volver a recapitular si es necesario para profundizar en los detalles o responder preguntas específicas del modelo de mentoría consciente.

## MI EXPERIENCIA MAESTRA

En mi caso personal, he tenido varias experiencias de ese tipo. Sin embargo, hay una que ha sido mi experiencia maestra durante casi 32 años. Fue mi paso por la aviación, específicamente mi rol como director académico de una escuela de aviación en la que me gradué como piloto y luego me convertí en instructor.

En esa etapa, tuve la maravillosa oportunidad de soñar en grande con la educación aeronáutica en Colombia, especialmente en transformar una instrucción básica y técnica en una formación más profesional y de calidad. Esto implicó ampliar el programa de formación para pilotos comerciales, estructurar el plan de estudios por semestres, revisar las directrices de entrenamiento en vuelo y seleccionar los mejores instructores del sector. Además, aplicamos el mismo enfoque de formación profesional a otros roles dentro de la industria aeronáutica, como asistentes de vuelo (azafatas o sobrecargos) y despachadores de vuelo, entre otros.

Mi retiro temprano, después de seis años en esa labor, fue en parte motivado por mi ego y en parte por desacuerdos con mi jefe. Sin embargo, este retiro se convirtió en un punto de inflexión que hizo que toda la experiencia, desde el ingreso hasta la despedida de los alumnos, se convirtiera en mi experiencia maestra. Solo años después, "conectando los puntos" como dijo Steve Jobs, me di cuenta de esto. Ah, déjenme contarles que todo esto ocurrió entre 1984 y 1991.

## ¿Por qué fue una experiencia maestra?

Porque durante muchos años, esta experiencia me mostró lecciones y aprendizajes, y me permitió embarcarme en experiencias similares basadas en lo vivido y asimilado. Sin saberlo, sentó las bases para un camino de liderazgo, creación e innovación en diferentes frentes, mostrándome todo lo que era capaz de hacer y, sobre todo, cómo comenzar, desafiando paradigmas y cuestionando el statu quo (en un par de ocasiones, la escuela fue cerrada por los militares que dirigían la aeronáutica civil por romper esquemas, pero esto se convirtió en el nuevo estándar copiado por otras escuelas del país), entre otros desafíos.

En resumen, toda esta historia me inspiró durante otros treinta años, impulsándome hacia caminos de emprendimiento, innovación, desafío de paradigmas y muchas transformaciones. Desde el punto de vista de las lecciones aprendidas, me mostró los riesgos de la ilusión, el costo de las expectativas, la ceguera del ego y el precio del trabajo en solitario, entre otros aspectos.

## EL PROBLEMA REAL

En el modelo de mentoría consciente, el "problema real" se refiere a la situación que debe ser modificada para obtener resultados diferentes a los que se estaban obteniendo. Es el corazón del asunto, la médula. Al nombrar los problemas, algunas personas utilizan diferentes taxonomías existentes, conocidas como tipos de problemas. Por ejemplo, se clasifican los problemas según el tipo de acción que debe emprenderse para solucionarlos.

Así, se habla de "reducir" cuando se busca disminuir la ocurrencia de una situación al mínimo posible, como reducir las distracciones causadas por el uso de dispositivos móviles. "Eliminar" se refiere a hacer que la situación desaparezca por completo, como eliminar las notificaciones de las aplicaciones. "Aumentar" implica incrementar la ocurrencia de la situación deseada, como aumentar el tiempo de meditación a 30 minutos diarios.

Al nombrar la situación e identificar el tipo de problema, también es importante indagar sobre la causa raíz, es decir, los factores subyacentes que desencadenaron la situación y que no siempre son evidentes a partir de los hechos. Puedes utilizar la pregunta "¿Qué hizo que esto pasara?" y luego "¿Qué más hizo que esto sucediera de esa manera?"

Sugiero que, una vez identificada la experiencia maestra, se le añada un subtítulo con el problema real en una frase breve de no más de 5 o 7 palabras. Por ejemplo:

**Experiencia Maestra**: Pérdida del empleo
**Problema real**: Miedo para tomar decisiones.


## EL PROBLEMA REAL EN MI EXPERIENCIA MAESTRA.

En mi experiencia maestra, me enfrenté a varios problemas. Mi deseo de crear la primera institución de educación superior en el campo aeronáutico en Colombia despertó en mí la ilusión y la ambición de convertirme en su primer rector y socio. Sin embargo, esto generó celos entre otros directivos de la institución y deterioró nuestras relaciones. Con el tiempo, comprendí que ser pionero en romper paradigmas tiene un precio que debemos considerar antes de generar cambios y rupturas en lo establecido.

Como mencioné anteriormente, también enfrenté problemas con las autoridades aeronáuticas debido a que estábamos haciendo algo que nadie había hecho antes. Las otras escuelas también se opusieron a nuestros proyectos argumentando que "la aviación ya estaba inventada". Si bien es cierto que su afirmación tenía cierta validez, la educación aeronáutica aún necesitaba innovación.

En resumen, al aplicar el modelo, puedo decir que el gran problema fue desafiar el sistema establecido y las normas vigentes al introducir cambios que las autoridades se negaban a comprender. El entorno aeronáutico era un sistema altamente regulado y normativo. Afortunadamente, el principio de "lo que no está expresamente prohibido, está permitido para el ciudadano" permitió que el proyecto triunfara, aunque ya no estuve presente para presenciar su desarrollo.

## APRENDIZAJES

Este apartado del modelo es uno de los más enriquecedores y que más beneficios aporta al mentor al recapitular sus experiencias. De hecho, de aquí surgen en gran medida los elementos entregables que formarán parte del proceso de transferencia a su mentorado. Recordando los niveles de aprendizaje, podemos plantearnos las preguntas del qué, cómo, por qué y para qué.

Para adentrarnos en los detalles, es necesario plantearse además las siguientes preguntas:

¿Qué conocimientos adquirí como resultado de esa

experiencia maestra, de las causas raíz del problema y de la situación en su totalidad?

Es importante reconocer cuáles fueron esos nuevos conocimientos que no poseía y que adquirí a través de la experiencia, y también identificar los nuevos campos del conocimiento que pude haber explorado.

¿Qué habilidades desarrollé como resultado de la experiencia?

Es crucial hacer consciente las habilidades y competencias que adquirí o perfeccioné durante la vivencia. Una vez más, es importante observar tanto lo que incorporamos como lo que mejoramos.

¿Qué actitudes conscientes debí asumir y fueron vitales en la experiencia?

Sabemos que toda situación que enfrentamos nos exige una determinada actitud para abordarla y resolverla. Desde nuestro modelo, hablamos de 7 actitudes: 1) Mente de principiante, 2) No juicio, 3) Aceptación, 4) Confianza, 5) Paciencia, 6) No desgastarse, 7) Soltar, 8) Aprender a cerrar.

Siempre una experiencia significativa nos pone a prueba en varias actitudes, aunque suele haber una que desempeña un papel central. Recordemos que las actitudes también son grandes maestras, ya que pueden mostrarnos aquello que nos cuesta más y que probablemente necesitamos para nuestra evolución, al menos en ese momento.

¿Qué comportamientos modifiqué posteriormente?

En este punto, nos enfocamos en los cambios visibles en nuestro comportamiento que podemos atribuir a la experiencia. Es decir, todas aquellas cosas que comenzamos a hacer de manera diferente, de forma deliberada y consciente.

## MIS APRENDIZAJES

Volviendo a mi experiencia maestra, puedo decir que los aprendizajes fueron y siguen siendo múltiples y de diversa naturaleza. Algunos de los más significativos para mí fueron:

- No soy lo que hago.
- Aquello que aporto hace la diferencia.
- El lugar donde esté siempre será el escenario perfecto para dar.
- Comprendí el significado de la frase "Las personas pasan, las instituciones quedan".
- Aprendí que cada persona actúa desde su propio imaginario y no me corresponde modificar el del otro.
- Aprendí que el ego habla primero.

## RESULTANTE

Al final de cada historia, se obtiene un resultado, un producto, algo en lo que nos convertimos después de esa experiencia. En muchos casos, puede ser un nuevo destino que no guarda relación directa con la vivencia, pero que gracias a que ocurrió, se abrió un espacio y una posibilidad para que algo nuevo llegara.

En esta etapa, también es importante especificar los resultados a través de preguntas como:

- ¿En qué aspectos de mi ser experimenté transformación o cambio? Puedes mencionar aspectos de tu personalidad o carácter que pudiste haber modificado, incrementando, reduciendo o eliminando su manifestación. También se incluyen en esta categoría la gestión de las emociones, prácticas o hábitos de autocuidado, bienestar y todo aquello en lo que te consideras diferente.
- ¿En qué áreas me desempeño mejor ahora que antes no hacía tan bien? En este punto, nos centramos en las acciones. En todo aquello que antes no realizabas o lo hacías de manera diferente y que ahora has modificado. Esto incluye tus propias acciones relacionadas con la experiencia y otras nuevas que realizas como consecuencia indirecta de la misma.
- ¿Qué competencias profesionales he desarrollado? Cada experiencia tiene algún impacto en nuestra actividad profesional, incluso si no está directamente relacionada con ella. Lo importante es reconocer de qué manera ha afectado el ejercicio de tu trabajo o cómo te ha influenciado a partir de tu experiencia maestra.

- Síntesis de lo que tengo para compartir o transferir
  En este punto, es fundamental resumir en pocas líneas, de forma concreta y precisa, lo que tienes para transferir como resultado de la reflexión anterior. Es como el "pitch" que se menciona en la marca personal, donde describirías en pocas palabras lo que aportas como mentor, imaginando que solo tienes tiempo para hacerlo mientras van en un ascensor. Debe ser impactante, ágil, rápido y durar entre 45 y 60 segundos como máximo. Si logras transmitirlo eficazmente, es posible que encuentres un nuevo mentorado.

## LA RESULTANTE DE MI EXPERIENCIA MAESTRA

En la resultante de mi experiencia maestra, experimenté numerosos cambios y transformaciones. Pasé de sentir baja autoestima, heridas y falta de reconocimiento a empoderarme nuevamente y creer en mi capacidad de innovación. Desde el ámbito profesional, aprendí a modelar y dar estructura a ideas y conceptos, a diseñar y organizar programas de formación novedosos e interesantes. Quizás la competencia profesional más destacada que desarrollé fue la capacidad de pensar "fuera de la caja". Lo resumiría como creatividad, innovación y desarrollo de productos.

Tiempo después, también comprendí la importancia de volver a la esencia y no perderse en las ilusiones. La vida se encarga de llevarnos hacia donde debemos estar. Si una puerta se cierra, otra se abre de forma insospechada.

Después de retirarme, envié numerosos currículums sin obtener resultados.

Un día, en casa, me pregunté: "¿Para qué he estado preparándome durante tanto tiempo y qué me hace feliz hacer?" La respuesta no tardó en llegar: acompañar a las personas en su crecimiento personal era lo que me brindaba felicidad. Así nació mi empresa, Procesos de Grupo, una firma de consultoría en desarrollo humano que, durante más de 26 años, diseñó y llevó a cabo una amplia variedad de programas de formación en el ámbito organizacional en Colombia y otros países del continente.

Gracias a todo ese camino llegué al mundo de la mentoría. Me formé como mentor y me certifiqué en todos los niveles de la Red Global de Mentores de la que, con orgullo, formo parte de su Comité Directivo.

## MEDIO DE ENTREGA

Por último, pero no menos importante, es definir cómo vas a transmitir toda esa experiencia que, como mentor consciente, ya puedes transferir a tu mentorado.

Esta parte del proceso de transferencia tiene varias opciones, entre ellas:

- Historia oral, inspiradora, un compendio de la experiencia: Sabemos la importancia del "Storytelling" en la transmisión de experiencias, emociones y mensajes en general, cuando tanto la historia como el narrador cumplen con las siguientes características esenciales:

Características del narrador de historias:

1. El narrador de historias debe ser muy creativo al contar su historia, de manera que sea original, interesante y atractiva para el público.
2. Debe conectar emocionalmente con los oyentes y lograr que, de alguna manera, se identifiquen con la historia y encuentren partes de ella en su propia vida.
3. Requiere versatilidad para adaptarse al lenguaje de su audiencia y para realizar cambios en su estilo narrativo según lo requiera su público.
4. Obviamente, debe poseer un lenguaje rico, variado, emocional y conmovedor, que genere impacto en el público y, en ocasiones, llame a la acción.
5. La improvisación también es una cualidad importante, ya que, aunque tenga un guion bien elaborado, debe estar atento al grupo que lo escucha y realizar cambios inmediatos según lo requiera el grupo.
6. Requiere entrenamiento tanto en la construcción del guion narrativo como en la expresión no verbal y el contacto con el público.
7. Necesariamente debe tener pasión para transmitir su mensaje y conectar con quienes lo escuchan.
8. Por último, pero no menos importante, debe lograr un equilibrio saludable en el uso del "yo" al relatar

su experiencia, evitando tanto la auto adulación excesiva proveniente del ego como la victimización en la historia que comparte. Además, no debe pretender venderse a sí mismo. Como dice el dicho: "Por sus hechos los conoceréis".

Características de las historias:

1. La historia debe captar la atención del público desde el principio y mantenerla hasta el final.
2. Los personajes deben ser interesantes y convincentes, sin exageraciones.
3. La historia debe tener un conflicto, un problema o una trama a resolver.
4. La narrativa debe ser clara y combinar la descripción con la narración.
5. Por supuesto, la historia debe despertar emociones y conectar con el público, generando una resonancia positiva.
6. La moraleja o el aprendizaje son esenciales y es preferible que sean claros y contundentes.
7. El desenlace debe producir un estado de satisfacción en el oyente al resolverse el dilema o asunto planteado.

- *Historia escrita:*

Aunque existen diferencias entre la narrativa oral y escrita, la historia escrita debe cumplir más o menos con las mismas características. En este caso, se puede extender en los aspectos descriptivos para facilitar al lector la comprensión del contexto y acercarlo a la vivencia de la situación. Se puede optar por la modalidad de relato o cuento corto. Al finalizar, si se desea, se pueden plantear preguntas de reflexión para el lector.

- *Eventos de aprendizaje para la transferencia (taller, seminario, entrenamiento):*

El mentor también puede transferir sus experiencias a través de diversas modalidades de formación y entrenamiento, como conferencias, talleres, seminarios y entrenamientos. Es importante que siga el formato elegido con cierta rigurosidad y haga uso de la metodología adecuada para cada tipo de evento.

Si bien es cierto que cada mentor tiene su forma de transmitir, existen métodos ya probados para la transferencia de aprendizajes de forma académica, como el método o modelo Didáctico Operativo al que nos referimos en el apartado de metodologías del acompañamiento.

Este ha sido uno de los métodos a través de los cuales he compartido la mayor parte de mi vida los aprendizajes de las experiencias maestras. Creo infinitamente en el poder de los grupos para crecer y en la fuerza que se experimenta al compartir con otros las lecciones de la vida. Honro profundamente el poder sanador de los grupos de crecimiento y aprendizaje. ¡Gracias por tanto!

- *Forma de entrega: uno a uno, grupal:*

Por último, cada mentor puede elegir o combinar si sus mentorías son uno a uno, personalizadas, o si tiene las competencias para llevar a cabo mentorías de forma grupal.

Particularmente, prefiero las mentorías uno a uno, ya que me permiten construir con el otro y a su propio ritmo el proceso requerido de principio a fin.

Algunas de las características más importantes de una mentoría uno a uno, son:

- Crean una relación más cercana entre el mentor y el mentorado, donde el vínculo profesional que se genera favorece la transferencia de los aprendizajes.
- Las posibilidades de apertura en la comunicación son mayores tanto para el mentor como para el mentorado, lo que permite un diálogo más abierto, sincero y verdaderamente transformador.
- La retroalimentación se facilita enormemente, dado que debido a la naturaleza personalizada y la confianza que debe existir, se pueden expresar las opiniones de manera más directa y contundente, buscando siempre el crecimiento de ambos en sus roles.
- Para el mentorado, la oportunidad de avanzar a su propio ritmo es valiosa, y la posibilidad de hacer preguntas y obtener respuestas le brinda la confianza de mostrar su vulnerabilidad, sabiendo que no será juzgado y, por el contrario, será comprendido.

- Para el mentor, el desarrollo y seguimiento del proceso puede ser igualmente gratificante, ya que su atención puede centrarse más en los detalles del proceso personal, lo cual no es tan fácil en la modalidad grupal.

## 3. APLICACIONES DEL MODELO

Este modelo de mentoría consciente puede aplicarse en cualquier campo de la mentoría sin necesidad de realizar cambios, ya que, en esencia, ofrece al mentor una forma de estructurar su diferenciador como mentor a través de la conciencia de su experiencia vital, para así hacer el acompañamiento de sus mentorados más consciente.

Asimismo, cada parte del modelo permite la creación de herramientas personalizadas para su aplicación, de manera que la sistematización de la experiencia sea metodológicamente acertada y más fácil de transferir. Estas mismas herramientas pueden servir tanto al mentorado como bitácoras para su viaje, como al mentor como guías para el seguimiento.

En la segunda parte encontrarán un cuaderno de trabajo con las preguntas correspondientes a cada una de las etapas, de modo que puedan aplicarlo a su propio proceso y convertirlo en una herramienta de trabajo con sus mentorados.

# EPÍLOGO

## CARTA PARA UN MENTOR CONSCIENTE

Preciado mentor consciente,

Permíteme en primer lugar agradecerte por haber llegado hasta aquí, hasta estas líneas. Esto me llena de felicidad, aunque quizás nunca sepa que lo has hecho. Sin embargo, como todo en el universo es energía y vibración, la vida se encargará de que me entere de alguna manera.

En segundo lugar, quiero decirte que en mi vida no ha habido un camino más hermoso que el del crecimiento personal desde la consciencia, el cual he recorrido de la mano del Mindfulness como último aprendizaje trascendente, luego de pasar por múltiples escuelas y experiencias.

Espero que tu camino consciente sea muy rico en posibilidades para descubrir todo lo que has aprendido y seguirás aprendiendo. Como ya sabes, a través de las experiencias maestras y sus aprendizajes transformadores, nos convertimos en la mejor versión de nosotros mismos que todos anhelamos ser.

Deseo de todo corazón que este modelo te acompañe en tu desarrollo personal en primer lugar, y que luego lo puedas transmitir a tus mentorados en tu rol como mentor. Sabes bien que luego ellos se convertirán en mentores de otros, y así continuaremos la cadena de servicio que nos ha traído a este planeta.

Estoy seguro de que, a través de tus experiencias y aplicaciones del modelo, encontrarás formas de enriquecerlo. Agradeceré infinitamente si me compartes tus apreciaciones por correo electrónico a pgrupo@une.net.co.

Un fuerte abrazo,
Rafael G. Hernández M.

# CUADERNO DE TRABAJO

Creado por:

**Instrucciones:** Este cuaderno de plantillas es una ayuda para que puedas aplicar el método de mentoría consciente en aquel campo o tema en el que deseas ser mentor.

Puedes hacer los cambios que desees y adaptarlo a tu propio camino. La idea es que puedas seguir los pasos propuestos, si ello aplica para tu experiencia.

Solo recuerda citar el modelo original. Muchas gracias.

Recordemos el modelo

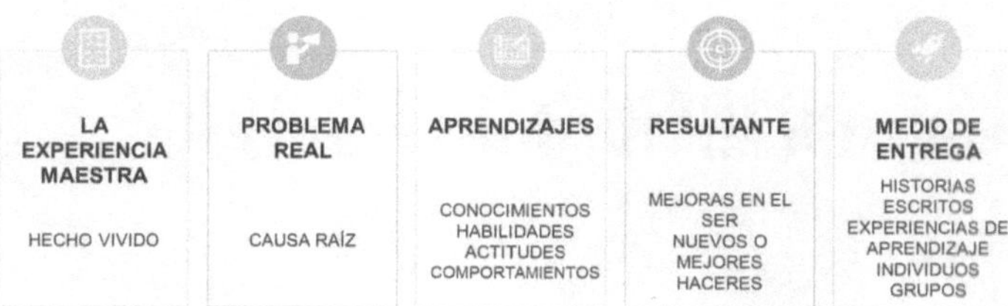


## Comencemos

- Historia de la situación de muy alto impacto en nuestras vidas
- También denominada experiencia cumbre o situación significativa dado el efecto que tuvo en la vida.
- Suele ser una historia generadora de cambios que marcaron un hito, es decir, un antes y un después,

Describe brevemente tu experiencia maestra:

_______________________________________________

_______________________________________________

_______________________________________________

_______________________________________________

_______________________________________________

¿Cuál sería el "elevator pitch" de esa experiencia?

_______________________________________________

_______________________________________________

_______________________________________________

_______________________________________________

## Siete preguntas poderosas para la autoindagación

Experiencia maestra– recapitulación de la experiencia

¿De qué te diste cuenta en la recapitulación?

_______________________________________________

_______________________________________________

_______________________________________________

_______________________________________________

_______________________________________________

_______________________________________________

¿Cómo relato lo que ocurrió?

_______________________________________________

_______________________________________________

_______________________________________________

_______________________________________________

_______________________________________________

_______________________________________________

¿Hay algo que omito en el relato?

_______________________________________________

_______________________________________________

_______________________________________________

¿Cuál fue el momento cumbre de la experiencia?

_______________________________________________

_______________________________________________

_______________________________________________

_______________________________________________

¿Qué emociones suscitó esta vivencia y como las gestionaste?

_______________________________________________

_______________________________________________

_______________________________________________

_______________________________________________

¿Qué gran efecto tuvo en tu vida?

_______________________________________________

_______________________________________________

_______________________________________________

_______________________________________________

¿Hubo un antes de... y/o un después de...?

_______________________________________________

_______________________________________________

_______________________________________________

_______________________________________________

**PROBLEMA REAL**

CAUSA RAÍZ

- Hace referencia a la situación que debió ser modificada para producir resultados diferentes a los que se estaban dando.
- También incluye la causa raíz, donde habitaban los detonantes de la situación y que, no necesariamente, eran directamente evidentes por los hechos que suscitaban.

Describe el problema real

_______________________________

_______________________________

_______________________________

_______________________________

¿Cuál fue la causa raíz de la situación?

_______________________________

_______________________________

_______________________________

## Siete preguntas poderosas para la auto indagación
### Problema real – causa raíz

1. Mas allá de los hechos relatados, ¿cuál fue el problema real?

_______________________________________

_______________________________________

_______________________________________

_______________________________________

2. ¿Has asumido alguna postura actitudinal frente al hecho? (víctima, victimario, salvador, otras)

_______________________________________

_______________________________________

_______________________________________

3. ¿Qué crees que hiciste o dejaste de hacer para que ese hecho ocurriera?

_______________________________________

_______________________________________

_______________________________________

4. ¿Qué crees que pudiste o debiste haber hecho y no lo hiciste?

_______________________________________

_______________________________________

_______________________________________

5. ¿Qué crees que **no** debiste haber hecho?

_______________________________________________

_______________________________________________

_______________________________________________

6. ¿Has culpado a alguien o algo por el hecho?

_______________________________________________

_______________________________________________

_______________________________________________

7. ¿Hubo algún detonante en particular?

_______________________________________________

_______________________________________________

_______________________________________________

## APRENDIZAJES

CONOCIMIENTOS
HABILIDADES
ACTITUDES
COMPORTAMIENTOS

- Conocimientos adquiridos
- Habilidades aplicadas en la resolución
- Actitudes conscientes que debieron asumirse
- Comportamientos modificados

Enuncia tus principales aprendizajes

¿Qué cambio en ti?

___________________________________________

___________________________________________

___________________________________________

___________________________________________

Siete preguntas poderosas para la auto indagación

Aprendizajes

1. ¿Concientemente que dices que aprendiste de esa experiencia?

_______________________________________________

_______________________________________________

_______________________________________________

2. ¿Hay algo que aún no reconoces que aprendiste o te cuesta aceptarlo?

_______________________________________________

_______________________________________________

_______________________________________________

3. ¿Qué nuevos conocimientos incorporaste a tu ser-hacer producto de la experiencia?

_______________________________________________

_______________________________________________

_______________________________________________

4. ¿Qué habilidades o competencias nuevas desarrollaste?

_______________________________________________

_______________________________________________

_______________________________________________

5. ¿Qué tienes aún en proceso de aprendizaje?

6. ¿Qué comportamientos se han sostenido como cambios evidentes?

7. ¿Qué actitudes de vida modificaste?

- En qué aspectos del ser experimenté transformación o cambio
- Qué "haceres" hago mejor que antes no hacía tan bien
- ¿Qué competencias profesionales desarrollé?
- Síntesis de lo que tengo para compartir o transferir

Describe en quién te "convertiste"

______________________________________________

______________________________________________

______________________________________________

______________________________________________

¿Qué haces mejor hoy?

______________________________________________

______________________________________________

______________________________________________

______________________________________________

*Siete preguntas poderosas para la autoindagacion*

Resultante

1. ¿En que ser crees que te convertiste?

_______________________________________________

_______________________________________________

_______________________________________________

_______________________________________________

2. ¿Cómo se modificó tu mundo emocional?

_______________________________________________

_______________________________________________

_______________________________________________

_______________________________________________

3. ¿Cómo se modificó tu mundo racional?

_______________________________________________

_______________________________________________

_______________________________________________

_______________________________________________

4. ¿Qué cambios se produjeron en tu forma de relacionarte?

_______________________________________________

_______________________________________________

_______________________________________________

5. ¿Qué haces mejor hoy?

_______________________________________________

_______________________________________________

_______________________________________________

_______________________________________________

6. ¿Qué indicadores o cifras puedes relatar como consecuencia de los cambios?

_______________________________________________

_______________________________________________

_______________________________________________

_______________________________________________

7. ¿Qué tienes para entregar a otros en situación semejante?

_______________________________________________

_______________________________________________

_______________________________________________

_______________________________________________

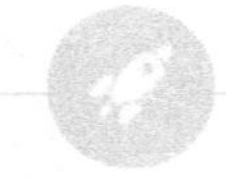



- Historia oral, inspiradora, compendio de la experiencia
- Escritos de ayuda para la transferencia
- Eventos de aprendizaje para la transferencia (taller, seminario, entrenamiento)
- Modalidad y Público de la entrega: uno a uno, grupal. ¿A quiénes?

Detalla como te ves compartiendo tu experiencia y aprendizajes

¿Quién será tu público?

_______________________________________________

_______________________________________________

_______________________________________________

Siete preguntas poderosas para la autoindagación

Medio de entrega

1. ¿Cuál es tu mejor competencia comunicacional?

_______________________________________________

_______________________________________________

_______________________________________________

2. ¿Qué haces para llegarle a las personas e influir en ellas?

_______________________________________________

_______________________________________________

_______________________________________________

3. ¿Eres bueno para contar historias y porque lo crees?

_______________________________________________

_______________________________________________

_______________________________________________

4. ¿Cómo te va escribiendo y narrando lo ocurrido en un hecho?

_______________________________________________

_______________________________________________

_______________________________________________

5. ¿Prefieres un acompañamiento uno a uno o grupal?

______________________________________________

______________________________________________

______________________________________________

6. ¿Qué metodologías conoces para generar aprendizaje?

______________________________________________

______________________________________________

______________________________________________

7. ¿Te ves como maestro?

______________________________________________

______________________________________________

______________________________________________

# BIBLIOGRAFÍA

Doria, José María. Inteligencia del Alma.

Hernández, Rafael. EL Viaje del Amor. Un camino al corazón

Krishenbaum, Mira. Todo pasa por algo. Ed Diana

Mejía, Luis Enrique. Esquisitofrenia.

Red Global de Mentores. ABC del Mentor.

Restrepo, G. Ramiro. Documengto Niveles del Aprendizaje

Rodriguez, Julio. Mentoring para emprendedores.

https://etimologias.dechile.net/?experiencia#:~:text=La%20palabra%20experiencia%20naci%C3%B3%20del,5%20(intentar%2C%20arriesgar).

# ACERCA DEL AUTOR
## RAFAEL HERNÁNDEZ

## ACERCA DE MI VIDA

Desde los 17 años transito los caminos del desarrollo personal desde diferentes enfoques de la psicología humanista y transpersonal, las terapias alternativas y el mundo holístico en general.

Soy un buscador por naturaleza, pionero por vocación, escritor por pasión, facilitador y terapeuta por camino. Disfruto inmensamente de la variedad. En ella encuentro la libertad, la creación, la expresión de lo que soy, pienso, siento y creo.

Estoy convencido del poder que todos tenemos para transitar conscientemente la vida, aceptando, comprendiendo y celebrando cada paso, en un estado de gratitud, compasión y profundo amor por todo. Ello, es vivir en espiritualidad.

Acompañante de cientos de personas, en diferentes países, desde la experiencia de la facilitación, la mentoría y las experiencias de bienestar, tanto en el mundo empresarial como en el entorno de congresos y conferencias internacionales. Testigo agradecido de muchos procesos de sanación, transformación y crecimiento personal, cuando el ser está abierto a liberarse para expandirse, regresando a su verdadera esencia y naturaleza.

Transito este período de mi vida con la devoción y el profundo deseo de acompañar a otros a conectarse con su corazón, su luz, desde una mirada abierta y expandida, de su vida y sus posibilidades.

Orgulloso papá de Ana Cristina, aprendiz y maestro de su sabiduría. Feliz hijo de Rafael y Nelly, y hermano de Juan Felipe. Orgulloso de mis ancestros. Agradecido de ser un colombiano para el mundo.

Será un gusto conocerte a través de las redes sociales o quizás tomándonos un café en algún lugar del mundo.

## ESTUDIOS

Desde lo académico Rafael G. Hernández se ha formado en diferentes disciplinas del comportamiento humano y el mundo terapéutico. Entre otros, se destacan:

- Facilitador Life Writing. Cámara Internacional de Conferencistas. 2023
- Consultor Mindfulness para la salud y el desarrollo Integral. Escuela Española de Desarrollo Transpersonal. Madrid, España. Febrero, 2018

- Especialista en Terapia Transpersonal. Escuela Española de Desarrollo Transpersonal. Madrid, España. Octubre 2017
- Especialista en Mindfulness para Familias y Educadores. Escuela Española de Desarrollo Transpersonal. Madrid, España. Septiembre, 2016
- Facilitador en Desarrollo Transpersonal. Escuela Española de Desarrollo Transpersonal. Madrid, España. Junio 2016
- Consultor en Mindfulness Transpersonal. Escuela Española de Desarrollo Transpersonal. Madrid, España. Abril, 2015
- Diplomado en Energy Chrom del Centro de Alternativas Médicas de Guadalajara, México
- Terapeuta de Sonidos del Instituto de Terapias Energéticas de Madrid, España.
- Terapeuta Reiki, formado en Medellín, Colombia con la Maestra Matty Velez
- Licenciado en Educación (Didáctica y Dificultades del Aprendizaje). Universidad CEIPA. Medellín, Colombia,. Junio 1986.

Como mentor, ha recibido las siguientes certificaciones y distinciones de la Red Global de Mentores

- Mentor Honorífico., 2020
- International Professional Mentor, 2020
- Mentor Writer, 2020
- Human Development Mentor, 2021
- Mentor Speaker, 2021
- Mentor Sherpha, 2021

- Expert Professional Mentor, 2021

Adicionalmente es miembro de la OMF, Organización Mundial de la Familia, la OIC, Organización Internacional de Conferencistas y la CIC, Cámara Internacional de Conferencistas, de la cual es Embajador Oficial.

facebook.com/rafael.g.hernandez.520

instagram.com/rafaterapeuta62

youtube.com/rafahernandez9027

linkedin.com/in/rafael-hernandez-molina

# LA ESCUELA DE MENTORES

Desde siempre ha corrido por las venas de mi hacer, el oficio docente de facilitador y maestro. Como dato curioso, he sido profesor, tutor y mentor, en la mayoría de los lugares en los que me he formado. Ya son cerca de 44 años de estar en ello, habiendo iniciado a los 17.

Desde antes de escribir este libro, ya había diseñado algunos programas de formación para mentores, algunos de ellos avalados por la RED GLOBAL DE MENTORES. Desde el diseño del modelo de Mentoría consciente, la idea de la escuela de mentores, tomó fuerza y se concretó unos meses más adelante, producto de otra profunda experiencia de transformación.

Hoy, es un hecho.

Abrimos la Escuela con dos grandes programas para todos los que quieran dedicarse o se dediquen ya al acompañamiento de personas (Mentores, Coaches,, Psicólogos, Terapeutas, Facilitadores, entre otros):

- Mentoría consciente, una formación en los planteamientos y la práctica de lo expuesto en este libro.
- Mentoría de Mindfulness. Una especialización para quienes acompañen personas desde esta disciplina y se formen en nuestro modelo Mindful Living.

Adicionalmente, la escuela ofrecerá otros programas de formación en herramientas y técnicas tanto para el camino personal como el profesional:

- Escritura Consciente: un programa de aplicación de la escritura para el autoconocimiento, la sanación o la creación literaria.
- Mentores Sherpa: el mejor entrenamiento para conducir espacios grupales de aprendizaje, desde la consciencia y la aplicación de los contenidos a la vida.

Los invitamos a visitar nuestra página:

www.escueladementortes.org

donde encontrarán la información detallada de los programas. Será un gusto tenerlos en nuestro próximo curso.